EL TREN DE LOS INVISIBLES
GABRIELA CABALLERO

Gabriela Caballero
El tren de los invisibles

◢
La Pereza Ediciones

El tren de los invisibles
© *Gabriela Caballero*

© Ilustraciones: Fedosy Santaella

© De esta primera edición 2024,
La Pereza Ediciones, USA
www.lapereza.net

Directores de la colección:
Greity González Rivera
Dago Sásiga

Todos los derechos reservados.
Se prohíbe la reproducción parcial o total
por cualquier modo, sea mecánico, fotocopiado o
electrónico, sin la respectiva autorización
de la editorial.

ISBN: 978 -1-6237523-9-2

Diseño de los forros de la colección:
Estudio Sagahón / Leonel Sagahón
www.sagahon.com
Portada y Maquetación Julián Herrera

EL TREN DE LOS INVISIBLES
GABRIELA CABALLERO

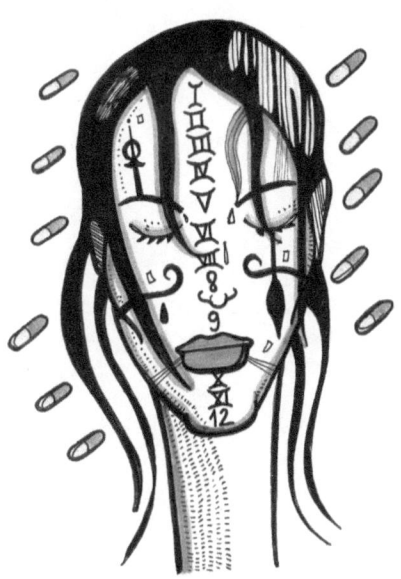

Gabriela Caballero

Para Maximiliano Andrés

El tren de los invisibles

Gabriela Caballero

EL ESPEJO DEL AGUA[1]

Nosotros estamos arriba, pero en el fondo hay gente, los Añú. En el fondo hay un mundo que se hundió y están allá abajo, por eso cuando hay una creciente fuerte se siente un ruido, ese es el llanto de los Añú que están allá en el fondo, en el otro mundo.
Medina Josefina

I

María, esa soy yo, sí. Pero ya les dije que no voy a hablar con ningún aprovechao que se aparezca en el velorio. Sí sabía yo que esos carroñeros iban a venir con todo y virus suelto, pero ni eso ya les importa. No pienso decirles ni una palabra. Mejor si creen que

---

[1] Cuento inspirado en la crónica de la periodista Jackeline Díaz «El hambre pudo más que el miedo al pez venenoso en la Guajira», publicada en www.eldiario.com, el 20 de junio de 2020.

soy una ignorante, y que ni hablo el español pues, como muchos otros paraujanos de la laguna. Ya uno se amaneció aquí mismo la otra vez, estaba esperándome en todo el frente del palafito, aunque ese seguro que vino navegao por alguno de aquí. Y claro, si por un billetico hacen lo que sea, pues más ahora que todos nos morimos de hambre. Pero no voy a dejar que me vean llorar, ni menos que me tomen fotos con estos cajones de madera, donde mis dos hombres se me van a dormir pa siempre. Ese que les digo vino temprano y se fue, pero estoy preparada, porque llegan otros más nuevos en cualquier momento. Vendrán todos tapados, pero vendrán, usté apueste, que las ganas pueden más que nada. Así como con nosotros el hambre pudo más que el miedo. Pues es que fue por eso que el marido y el hijo se me fueron a pescar esa noche, sabiendo el riesgo. Y qué contenta que me puse yo nomás, viéndolos cocinar aquel bagre dientón después de estar dos días sin echar nada a las tripas. Pero, aun así, yo fui la única que no comió. Me quedé nomás ahí, viéndolos, aguantando un hambre que ya no estaba en la barriga, sino como acá detrás de los ojos, que de tanto aguantar te va chupando el pensamiento, hasta que te despega pa'otro mundo. No comí. Estuve parada aquí mismo al borde de la choza, sintiendo, como mismo me siento ahora, así viendo en el fondo de la laguna como el pasado y el presente se mezclan.

Por eso es que antes de que vengan ya yo he llorado todo lo que iba a llorar. Para que no crean que los estábanos esperando. Aunque la cara la tenga roja y el alma envenenada por la culpa, pero seca. Solo con el hambre y estas ocho sillas, dos que ahora están vacías.

—¿Cuánto falta pa' que llegue mi papá?

Eso mismo me preguntó el menor de los hijos míos, sentado en esa misma silla vacía. Menor, pero el más avispao de todos, aunque ya menos, porque se me desnutría. Y fue entonces que el cielo tronó, primero lejos y luego rápido saltó de golpe el agua por debajo y se estalló la tormenta. ¡Vamos pa dentro! La laguna que estaba tranquila se pareció a una carretera de piedras todas saltando. El palo de agua fue lo que ayudó al marido mío a cazar el pez sapo, porque el río se nos abrió. Por eso tampoco se los andaré contando, ¿Para qué? Si luego hablan sobre el veneno del pez, pero los Añú sabemos cómo quitárselo antes de cocinarlo.

—Ya tengo doce y yo ayudé a cazarlo, amá.

Ese fue el otro, el mayor. ¡Contento que andaba por quitarle el veneno! Nomás yo fui la única que no comió, porque que era bien poco pa'l hambre de todos y yo todavía aguantaba hasta la otra pesca.

El veneno los atacó ahí mismo. Al menor le subió rápido la fiebre, y me decía que se le quemaba el cuello. Siete de los ocho se me envenenaron, y no hubo una sola ambulancia en toda la Guajira. Cogimos nosotros río arriba cortando camino hasta el hospital de Sinamaica con una resolana que era tan grande que se calentaba el aire sobre la laguna. No sé si el calor o las chicharras que andaban alborotadas, o el motor de la lancha, pero los gritos de los hijos míos se fueron perdiendo en el camino. O yo qué sé, si sería por eso, por el hambre misma. Y por el miedo. Nos fuimos elevando todos juntos; yo, mi marido y los seis hijos. La lancha subía y subía hasta mucho más arriba de los manglares y sobre las olas que se iban haciendo cuando pasábamos. Si nunca la laguna se muestra igual, mucho menos en ese día lo iba a hacer.

Llegamos a Upuna, en el paso que va hasta el muelle del Trompo. Desde allí me alcé y pude ver el puerto pequeño, con todas las lanchas de colores debajo de las lonas para los turistas. Pero andaban todas vacías, nadie estaba por ahí, y para cuando llegamos al hospital, tampoco hubo médico que nos recibiera. Entonces ya lo que sea que me dijeran yo lo iba a hacer. De pronto me sentía con fuerzas y a la vez tan vieja. Una hora más de camino para llegar al Rafael Pons de Maracaibo. El marido mío no alcanzó, se nos murió en el camino. Dijeron que el veneno le paralizó los músculos y todos los órganos. Les lavaron el estómago a todos mis hijos, pero al pequeño el cuerpo no le aguantó. A mí no, porque fui la única que no comí, y todavía hasta hoy que los voy a velar, tengo como un perro rabioso que me ladra por dentro de que no he comido nada.

II

Ellos van y vienen sin saber que están entrando a un lugar encantado y que solo aquí la muerte se asoma tranquila y sin misterio.

Igual y les sale una sorpresa en el camino. Pero nunca van a poder hablar con un animal guía que les muestre el destino. No son sueños, ni fantasías de los paraujanos, no señor, porque esta muerte sobre las aguas es solo nuestro pasaje de regreso. Aquí arriba María llora y llora sin parar, pero no allá abajo donde vivimos los Añú muertos. Allá abajo todo está tranquilo. Pero ellos vienen y no miran pa'l agua, no miran que en el fondo hay gente. Y no hay que decirles, porque igual no entienden. Yo sí sé, pero porque me enseñó mi abuela y también la abuela de mi abuela, la Medina Josefina. En el fondo está el mundo, el mundo que se hundió y ahora está allá abajo. No sé cómo ellos no los ven ni escuchan en esa creciente fuerte, en ese ruido bajo los pies. Ese es el llanto de los que estamos en ese otro mundo. El que se hundió y de donde nacemos los Añú. Ya me voy pronto a cazar otros bagres dientones. ¡O es el hambre o es el miedo, escoge María! Así dije pa dentro mientras esperaba a que vinieran y miraba los manglares en el espejo del agua y arriba los pájaros grandes sobre las palmas de las casas.

DAYO, LUKU MI

I

Sergio sorteó como pudo el desorden de maletas en el suelo de su habitación y se encerró en el baño antes de que Cristine pudiese decirle nada. A pesar de que había sido suya la idea del viaje a África, se arrepintió en doloroso silencio desde el primer día en que se lo propuso a su esposa.

Aun así, intentó restarle importancia a la sensación, pensando que se haría menor con el tiempo, pero, por el contrario, su duda no había hecho sino aumentar. A medida que se acercaba la fecha, aquella maldita voz en su interior se intensificaba.

—Basta de tonterías —se dijo, sirviéndose un güisqui—. Si existe un lugar en el mundo en el que puedan curar a Inés es allá; así que para allá vamos.

Mientras él se daba valor, Cristine, en cambio, no paraba de hacer preparativos, sin tener la menor idea de que a su marido lo torturaba el solo hecho de pensar en volver a pisar Nigeria, después de casi veinte años. Y, si lo hubiese sabido, tampoco le habría dado mucha importancia, ya que, debido al cambalache físico y emocional en el que vivían a causa de la enfermedad de la bebé, Cristine ya no tenía cabeza para nada más. La falta de sueño y el agotamiento por atender a Inés las veinticuatro horas la hacían andar como una zombi. Pero ahora, una nueva posibilidad de cura le había dado un nuevo y sorprendente vigor. Tanto era su entusiasmo que, en ocasiones, a Sergio le parecía como si ella estuviera planeando un viaje de placer en vez de uno forzoso y nada convencional. Aunque, a diferencia de él, su mujer nunca había transitado por el sendero de los santos Orishas, y la movía la esperanza de que alguien, no importaba quién o qué, pudiese acabar con los sollozos incesantes de su hija, las fiebres abrasadoras que se negaban a ceder y su aversión al pecho materno.

Fue en una de esas noches de desvelo, que Sergio le reveló un lado oculto de su vida y le habló de las sanaciones de las que había sido testigo siendo parte de la religión Yoruba. Entonces a ella no le importó ni por un segundo su formación católica ni cualquier otro prejuicio que hasta ese momento hubiese podido tener al respecto. Estuvo dispuesta a hacer lo que fuese con tal de aliviar a su hija de aquellas dolencias que los médicos eran incapaces de tratar. Anhelaba, sobre todo, volver a dormir una noche entera y recuperar aunque fuese una mínima parte de la vida que tenía antes de nacer la niña.

Sergio, que había visto a su propia madre desplomarse por mucho menos, admiraba la entereza de su mujer. Por ello, evitaba comentarle poco o nada sobre el malestar que la carcomía. Cristine asumió que, una vez más, los nervios por volar descomponían el estómago de su marido, así que lo dejó tranquilo. Se encargó ella sola de todo lo concerniente al equipaje del que sería su primer viaje en tres años, desde aquel día en que emigraron de Caracas a Madrid. Su sueño de conocer el resto de Europa quedaba pospuesto indefinidamente entre la adaptación al nuevo país, el embarazo y, ahora, la enfermedad de Inés.

II

—Europa termina en los Pirineos —le había dicho su suegro en la única visita que les hizo para conocer a su nieta antes de morir. Cuando Sergio nació, él ya estaba en sus cuarenta y tantos, y había viajado por casi todo el mundo, hasta que se dejó seducir por la perla del Caribe y por las razas surtidas que se aglutinaban en el cuerpo de la mamá de Sergio, una margariteña de cabello achispado y ojazos amarillos que parecían desafiarlo todo por donde miraba.

Se creyó por un tiempo que aquel español trashumante había sentado cabeza, pero luego, con la excusa de retomar las obligaciones de los negocios familiares que costeaban sus aventuras por el mundo y reanudó sus viajes, cada vez más prolongados, hasta el día en que no volvió más. Con él también se ausentó la cordura de la madre de Sergio. Los ojos desafiantes, que tanto habían despertado las pasiones de turistas y locales, se convirtieron en dos soles turbios que miraban la nada, mientras una densa niebla mental iba opacándole el juicio. Cuando el español supo de las crisis de su exmujer, regresó una última vez a la isla y se llevó a su hijo por la fuerza. Fue allí cuando el gigante de África se convirtió en el segundo hogar de Sergio y en la tierra que llegaría a odiar y amar con la misma intensidad. Ahora la posibilidad de curar a su hija lo obligaba a volver. El pánico lo envolvió como si un oso gigantesco se le echara encima.

III

Loku mi: Amigo mío, en lengua Yoruba

IV

A cuatro mil kilómetros de distancia, Dayo también estaba revuelto con la expectativa de la llegada de Sergio, quién no le hacía caso a sus advertencias de que aquel no era el mejor momento para visitar. Le mandó cifras; tan solo en ese año había habido más de mil trescientos nigerianos muertos en los enfrentamientos entre agricultores y pastores, y la mayoría de estos combates ocurrían en Jos, la ciudad que lo vio nacer, crecer y en la que había conocido a Sergio, su hermano de la infancia. Trató de explicarle que eran otros tiempos, en los que la mayor parte de la población vivía sin mayor expectativa que la de proteger a su familia de la violencia que los cercaba, pero se detuvo al escuchar de boca de Sergio los síntomas de aquella alma sin descanso que era su hija.

Adivinó la causa de inmediato. Sin embargo, lo confirmó con los Orishas: todo indicaba que el llanto imparable de madrugada a las mismas horas, las fiebres que no bajaban con nada y la intolerancia a la leche materna provenían de un trabajo de la alta magia negra. Muy seguramente había sido dirigido a la madre en las primeras semanas de embarazo y, por lo tanto, absorbido por la niña en el vientre. Dayo no dudaba de que con la ayuda de los santos sería capaz de llegar hasta donde los doctores comunes no habían podido y reparar aquel daño. Aun así, un funesto presentimiento lo invadió mientras regresaba a su casa en autobús desde Gwoza, una zona remota en la frontera noreste con Camerún, donde ejercía la medicina tradicional en una improvisada clínica abarrotada de madres que iban con sus bebés y niños pequeños, para que les hicieran pruebas o les tratasen la malnutrición. La suya era una labor titánica, puesto que el personal no se daba abasto, los insumos escaseaban y las cifras de niños enfermos superaban el cuarto de millón y no paraban de aumentar. Para colmo, en los tres años de violencia en la zona, la mayoría de los centros de salud del Estado habían sido destruidos. Miles de familias se desplazaban cada día hasta lugares remotos, como Gwoza, donde estaban a salvo, pero sin los elementos más esenciales para la vida.

Al entrar a su casa, el olor a ternera asada con *kuli kuli* y jengibre de la cena le devolvió el ánimo. La bebé de cuatro meses dormía en su cuna y su mujer se afanaba en el guiso de melón con carne con el que al día siguiente recibirían a los invitados. El pequeño Menelik jugaba concentrado en la computadora. Nala y Ashanti hacían los deberes de la escuela en la mesa del comedor.

—Todo va a estar bien —se dijo Dayo, apenas puso la cabeza en la almohada, queriendo silenciar el mal presagio que lo perseguía—. Volveré a ver a mi hermano y la mano de Orula, a través de mi mano, sanará a Inés.

V

El caos en el aeropuerto de Maiduguri le confirmó a Sergio lo que sus intestinos le habían alertado durante días. Los controles de seguridad eran en extremo exhaustivos y contribuían al miedo entre los viajantes que arribaban. Le extrañó que Inés durmiese profundamente en medio de aquel bullicio, en especial porque había llorado casi sin parar durante las cinco horas del vuelo nocturno, lo que acabó con los nervios de varios pasajeros y el entusiasmo inicial de Cristine. Tras dos horas de ser interrogados una y otra vez por agentes de inmigración, Sergio empezó a preocuparse seriamente. Tampoco los dejaban llamar por teléfono o conectarse a Internet. Inés se había despertado y amenazaba con otra sesión de llanto continuado. Sergio se dirigió a los oficiales en lengua Yoruba, pero ni aun así pudo sacarles información. Otro hombre que lo había estado escuchando, se compadeció de su desesperación.

—¿No lo sabe? —le dijo en un inglés británico.

—¿Qué cosa? —respondió Sergio ansioso.

—Los del Boko Haram atacaron durante la noche y, al parecer, destruyeron los puentes que conectan la carretera de Maiduguri a Kano. Lo más grave —continuó el hombre— es que esa era la única vía segura que quedaba de las seis carreteras que conectan con el resto del estado. Claro, que quizás usted ya sabía esto último. Lo escuché hablando en el idioma con los oficiales. ¿Viene con mucha frecuencia a Nigeria?

Sergio se había quedado viendo el color de los ojos del hombre que eran de un azul infinito como los de su padre. Cristine los miraba interrogante sin entender lo que hablaban, pero segura de que no era nada bueno, a juzgar por la súbita palidez de su esposo. Cuando por fin Sergio recuperó la voz, le preguntó al hombre:

—¿Atacaron civiles?

—Pues la verdad no lo sé a ciencia cierta.

Le explicó a Sergio que los terroristas habían destruido también las líneas de trasmisión que suministraban la electricidad, dejando a casi toda el área incomunicada. Confirmar cualquier información se iba a tardar más de la cuenta.

—¿Y usted como supo todo esto? —preguntó Sergio, deseando que todo fuese un rumor, pero a sabiendas de que no lo era.

Así se enteró que aquel hombre era un *emergency first responder* y que, por ser parte del programa internacional de voluntarios, le daban un trato especial en el aeropuerto. Y así fue también que el médico inglés supo de Dayo, el amigo nigeriano de Sergio, que era médico como él, y que trabajaba sin descanso en las aldeas más aisladas por los ataques. No juzgó cuando le contaron que habían venido en busca de un último remedio para su hija, que desde que nació rechazaba la leche materna y la de fórmula le caía fatal, y a la que ningún doctor de Madrid había podido sanar. Los ayudó a salir del aeropuerto y los subió a un Jeep conducido por militares armados hasta los dientes. Estos los condujeron durante cuatro horas a través de enrevesadas vías alternas hasta la ciudad de Jos. Sergio le rezaba a Dios y a todos los santos de los que se acordó y les rogaba que Dayo los estuviese aguardando allá.

VI

Se encontraron con que el lugar estaba sitiado y, sin mucha explicación, los militares los bajaron en la jefatura de policía y les ordenaron esperar.

—¿Pero es que acaso sospechan de nosotros? —lo increpó Cristine, ya a punto de perder el aplomo con el que hasta ese día había enfrentado todos los reveses de la vida.

Sergio tampoco entendía, pero se temía lo peor. Esperaron por más de dos horas, hasta que el jefe llegó a la comisaría acompañado por un segundo oficial; este llevaba en brazos una bebé de cuatro meses, única sobreviviente de la masacre.

Según les relataron los oficiales, Dayo y su mujer, al escuchar el primer tiro, escondieron a la bebé en un gabinete de la cocina. Orula les hizo el milagro de que no llorara. A esta hora los cuerpos mutilados de las dos hijas mayores ya habían sido encontrados a poca distancia del pueblo. Del varón de nueve años aún no sabían nada, pero era de asumir que había sido reclutado por los mismos terroristas, como era su *modus operandi* usual.

—Cuando mis hombres llegaron —terminó de decir el oficial—, la esposa ya estaba muerta, pero el padre aún agonizaba y fue quien les señaló el gabinete donde habían ocultado a la niña.

Le contó que antes de morir mencionó varias veces el nombre de Sergio y le pidió que lo contactaran. Les insistió en que Orula había obrado y que debían entregarle a la niña. La situación era complicada desde el punto de vista legal, así que habían tardado horas deliberando entre las autoridades pertinentes y el consejo de menores acerca de cuál sería el mejor proceder en aquel caso. Acto seguido, el comisario le extendió un papel con manchas frescas de sangre escarlata. Sergio estaba tan aturdido que se le dificultó pasar del inicio. *Loku mi,* se leía con un trazo tembloroso en el que, sin embargo, pudo reconocer la letra de su amigo.

Con los ojos llenos de lágrimas, se volteó para ver a Cristine que en todo el rato no había pronunciado palabra. Ella estaba sentada en una silla de la jefatura, un poco más atrás que su esposo, sosteniendo a una bebé en cada brazo. Tenía la camisa abierta y ambas niñas mamaban tranquilamente de sus pechos. El segundo oficial apartaba la vista para no incomodar y, por casi un minuto, desde que pisaron África, todo fue feliz silencio.

LIFE IS LIFE

Irene se ajustó el cinturón de seguridad, mientras el avión comenzaba a acelerar por la pista. Su mente estaba llena de recuerdos entremezclados con la ansiedad, la expectativa y el miedo. Sobre todo, este último. Era la primera vez en diez años que iba a ver a su padre y temía por el estado en que se lo encontraría. Se puso los audífonos y *gugleó rápido* en su teléfono una de las canciones que él le había enseñado de niña, y la descargó con la intención de ponérsela cuando se vieran. Se sorprendió al enterarse de que aquel éxito de la banda austríaca Opus, no se llamaba *Life is life*, como ellos la habían cantado siempre, sino *Live is life*.

Mientras los escuchaba tocarla en concierto, recordó cuando lo vio por última vez. Él había ido a visitarla a Miami, ella tenía veinte años y la vida era muy diferente. Venezuela se había deteriorado velozmente en la última década, al igual que la salud de su viejo. Irene ya había dejado ese país atrás, se había adaptado a su nuevo mundo y no extrañaba nada. Si acaso, durante los primeros años había deseado tener la visión del cerro Ávila cada mañana y cada tarde, pero ya ni eso.

En el último viaje que ella hizo a Caracas, en 2015, a pesar de que se reencontró con lugares gratos que se le hicieron más bonitos que nunca, quizás por la sola perspectiva que le daba la distancia, también la golpeó el hecho de que tanto la ciudad como ella misma estaban demasiado cambiadas. Sus amigos habían emigrado, ya nadie organizaba aquellas rumbas a las que solía ir, ni estaban tampoco los restaurantes en los que se pasaba horas conversando, tomando café o lo que fuese. Apenas caía la noche, un toque de queda autoimpuesto por la inseguridad y la falta de luz dejaba a la capital, que otrora fuera una ciudad nocturna llena de vida, vacía y en penumbras, como un pueblo fantasma. La gente por la calle también había cambiado hasta en sus modales, y en el servicio al cliente se respiraba una pasiva agresividad. Irene no podía creer cómo todos se habían acostumbrado a vivir con los frecuentes cortes de agua y luz. Era gente que sobrevivía al día a día de una manera muy distinta a la de ella, que también le había tocado enfrentar sus retos en el exterior, aunque de otra índole. Pero ya no se sentía uno de ellos y por eso decidió no regresar nunca más.

A veces la asaltaba un poco de culpa cuando escuchaba a algún compatriota decir que extrañaba la tierra, pero se confortaba pensando que su distanciamiento emocional, no solo hacia el país sino hacia todo y todos, se originó en su infancia marcada por la inestabilidad de sus padres, que vivían mudándose de un lado a otro, ambos con varios matrimonios encima y siempre empezando en nuevos trabajos o proyectos teatrales.

Aquella niñez nómada le había dejado una sensación de transitoriedad que cargaba siempre con ella. Pero esta vez no pudo desapegarse de la imagen de su padre, enfermo, solo por primera vez en la vida y abandonado en aquel país perdido. Incluso, los dos únicos amigos cercanos de su papá, también provenientes del mundo del teatro, se habían muerto. El resto de los familiares andaba desperdigado por el mundo.

Así que, luego de mucho pensarlo, ella había decidido regresar a Caracas y verificar por sí misma cómo se encontraba su viejo. También quería ver si podía conseguirle alguna ayuda del Gobierno, ya que este había suspendido la mísera pensión que recibían los artistas que, como su padre, habían alcanzado el honor de ser Premio Nacional de Cultura.

Mientras el avión ascendía, Irene miraba por la ventana las nubes esparcidas como copos de algodón. La visión la llevó de vuelta a su niñez, a esos emocionantes fines de semana en que su papá la llevaba al parque de diversiones Bimbolandia. Él, a diferencia de su madre, la dejaba comer todo el algodón de azúcar que quisiera. Los dos, padre e hija, se pasaban el día entero entre carritos chocones, comiendo perros calientes y dando vueltas sin parar en el gusanito.

Pero también recordó otros fines de semana interminables en los que añoraba que su papá fuese a buscarla. Para ese entonces, Irene y su mamá estaban viviendo en la casa de la abuela. Evocó el sabor metálico de la reja donde metía la cara por horas, tratando de ver hacia la esquina de la calle; el corazón le palpitaba de emoción con cada ruido de motor. Muchos de esos fines de semana, la reja no se abría e Irene se quedaba con ese anhelo insatisfecho, tratando de entender por qué su padre no estaba allí.

Cuando se lo preguntó de adulta, él se había excusado con que no siempre tenía plata para poder llevarla al parque, o a comer a Tutti Frutti o a donde ella quisiera. Decía que el teatro era una ruleta. De repente se ganaba un premio o montaba un éxito de taquilla y se convertía en un padre rico por unos días. Pero la mayoría del tiempo le tocaba aguantarse como pudiese hasta la próxima obra en cartelera.

También su papá le había contado que la abuela lo había llamado en más de una ocasión:

—Rafael, venga a buscar a esa niña que tiene todo el día pegada a la reja del garaje, esperando a ver si viene. Si es por plata, no se preocupe. Yo le doy cien bolívares para que la lleve a algún lado.

La verdad era que su padre se esmeraba tratando de compensar en un fin de semana todo lo que no compartían en el día a día. Irene se acostumbró a vivir entre estos extremos, de la ansiedad de la espera a la euforia en el parque de diversiones, de los horarios estrictos de su madre a atascarse de dulces en la cama de su papá viendo juntos películas, hasta pasadas las once, como *Buenos muchachos* o *El padrino*.

Sin embargo, aquellos fines de semana tenían su lado amargo. Terminaban muy rápido y, cada domingo por la tarde, le dejaban (incluso en el presente) una fobia inmensa a las despedidas y ataques de ansiedad. Lo otro era que, a pesar de su carácter de fiera mapanare, Irene extrañaba a Mercedes, su mamá, cada vez que le tocaba irse con papá. Siempre metía en el bulto de la ropa una fotito de su mami y, cuando su papá la pasaba a dormir a su cama, Irene esperaba que él saliera del cuarto para entonces sacarla. Entonces no podía evitar llorar a mares. A veces el llanto no paraba y él tenía que llevarla de vuelta a casa de su mamá en mitad de la noche.

Su papá se había inventado ciertos rituales para hacer menos difíciles las noches y las despedidas domingueras. Juegos de creación palabras, dibujos de figuras pintadas a partir de un garabato o retos de hacer formas con los mondadientes que se traían del restaurante.

Pero principalmente la distraía con poemas y canciones. Le enseñaba cantos de piratas, himnos militares como el zamorano *Oligarcas temblad*, y canciones de *rock* como *Live is life*. Esa era la favorita de Irene porque en ella tenía una muy buena participación.

Empezaban los dos al mismo tiempo, padre e hija, a marcar el ritmo.

Pa pa pa pa pa...

Ella aplaudiendo y su papá dándole a los pies contra el suelo y sacudiendo las manos sobre una batería invisible

Pa pa pa pa pa...

Arrancaba Irene de primera con el *Na na na, naná*, mientras su padre seguía por debajo con el pa pa pa. Irene repetía unas cuantas veces más, ya impaciente por comenzar... *Na na na, naná*, hasta que finalmente su papá irrumpía con un fuerte grito:

Life!
Na na na, naná
Life is life
Na na na, naná

Su papá tenía la voz ronca por el cigarro y sonaba muy parecida a la del cantante. Fraseaba en distintos tonos, casi *jazzeando*:

La-ba-ba-la-ba-ba life
Na na na, naná
Life is life
Na na na, naná

Y luego se desgarraban los dos juntos cantando y bailando con el estribillo:

Wenwewor didepaguer
Wiol wiwewé
Enimine ofenawer
Donbin abadirres...

Ni su papá ni ella hablaban más inglés que el de «pollito *chicken*, gallina *hen*», pero igual aquella letra mal cantada le transmitía a la niña todo el poder, el ánimo y la alegría de vivir. Y eso había sido su padre para ella, antes de su decadencia: un empuje infinito para enfrentarse a la vida, a las artes mal pagadas, a los políticos, a la televisión, en la que él se negaba a perder el alma con trabajos sin trascendencia, y a la carga de cuatro divorcios que no le habían quitado nunca las ganas de empezar de nuevo. Cuatro, porque después de su quinta separación, se vino abajo. Su papá, el país, y con él todas las oportunidades que dejó pasar.

Con la debacle de una vejez dura y la falta de planificación, le sobrevino también el deterioro físico. Cuando ella le telefoneaba desde Miami, él no le contaba casi nada para no atormentarla. Pero Irene sabía por los vecinos que su padre no se aseaba, que no limpiaba ni dejaba que entrasen a limpiar. Eso, sumado a los cortes de agua, había transformado su apartamentico de Chacao en una pocilga, a la que él mismo llamaba «el cuchitril». Porque sí, lo había perdido todo, menos su sentido del humor.

Se le habían caído los dientes, eso se lo notaba en la voz, pero igual seguía fumando más que nunca. Irene tenía pesadillas despierta imaginando cómo estaría su boca. Pero nada la atormentaba tanto como que hubiese dejado de escribir. El sonido de las teclas, al principio en máquina y luego en computadora, habían sido la melodía constante de su padre en medio de cualquier tempestad y cualquier caos. Pero ahora según y que no veía bien por un ojo. Su vieja *laptop* se había dañado o la había vendido, ¿quién sabe? Pero lo cierto es que ya no le motivaba hacerlo.

También había dejado de pintar, su primera pasión antes de enamorarse del teatro y para la que también tenía gran talento. Cuando Irene preguntaba, le contestaba que ya no le alcanzaba para los materiales, y que no tenía la energía ni mucho menos la inspiración. Los últimos cuadros que había hecho los había pintado con retratos de fotos del Facebook de Irene. En cuanto a su colección de libros, los había regalado todos. Se pasaba el día y la noche con un insomnio severo, viendo lo que fuera que estuviesen trasmitiendo en la señal abierta del televisor que permanecía encendido las veinticuatro horas.

Dos de sus exparejas, conmovidas por su estado, o tal vez porque aún lo amaban, le ofrecieron irse con ellas: una, a México; la otra, a Italia. Sin embargo, él se negó rotundamente. Algunos funcionarios decentes que quedaban dentro de las instituciones culturales le ofrecieron dar talleres, ejercer cargos, y hasta recibir una placa de mérito honoraria por su contribución a las artes, un reconocimiento que incluiría un premio en metálico. Pero también se negó. Decía que prefería morirse de hambre antes que recibir nada de los que habían destruido el país y las esperanzas de los que como él habían creído en algún momento en el proceso revolucionario.

Irene, en cambio, quería que aceptase la ayuda de quien fuese. Le valía un carrizo si eran revolucionarios o corruptos; primero, porque él se lo merecía y, segundo, porque eso haría que la carga fuese menos pesada para ella. La vez que él fue a Miami, invitado a estrenar una de sus obras, aprovecharon para que se quedara por un par de meses con ella. Estaban felices, y un día ella lo llevó a la playa. Frente al mar, el viejo lloró de felicidad.

—Hija, es que tenía muchos años sin pisar la arena ni ver el mar.

Irene se aguantó las lágrimas y lo abrazó. Así, con la cabeza inclinada sobre su pecho, pudo verle los pies. En ese momento se fijó que tenía las uñas largas y descuidadas. No pudo más y ella también lloró.

Ese fue quizás uno de los momentos más bonitos de la visita. Al poco tiempo, su padre comenzó a aburrirse y a rebelarse contra las normas de la casa de Irene. La convivencia se tornó tensa. Viendo que su hija se enojaba, le dijo que ya no quería quedarse más con ella. Insistió en devolverse, aunque el país se estaba cayendo. Fue una decisión que en el fondo alivió a Irene, pues ella ya había adoptado un estilo de vida estricto como el de su madre, sobre todo con la limpieza. Del omnipresente cigarro que tanto le divertía cuando niña, y del que le gustaba seguir con el dedo las figuras azules que veía en el humo, no soportaba su olor ni en el balcón.

Pero ahora viajaba a reencontrarse con él para tratar de salvarlo de sí mismo, y también iba dispuesta a cantarle sus «verdades», a decirle que cómo era posible que con aquel talento que ya muchos desearían, se hubiese dejado consumir así la vida y se dejase aplastar por la depresión y la indolencia.

Un día de vuelo después, ya en el taxi camino del aeropuerto, el corazón de Irene latía durísimo con la misma emoción de cuando ansiaba ver a su padre en la niñez. Bajó un poco la ventanilla para que la brisa marina de la ciudad costera de La Guaira acariciara su rostro. Luego sacó el teléfono. Llevaba preparado el video de YouTube con la canción de Opus en vivo desde Viena. Leyó de nuevo la letra para practicarla.

When we all give the power
We all give the best
Every minute of an hour
Don't think about a rest...

Ahora que la entendía, se le hacía mucho más potente, tanto el ritmo como el mensaje que le hablaba de la belleza de la vida. Quería ponérsela a su papá apenas llegara y cantarla juntos de nuevo, para ver si así se le despertaban las ganas de vivir. Irene pensó que seguramente aquellos músicos austríacos nunca se hubiesen imaginado que su música iba tener tanta importancia, aun en pleno 2019, en la vida de una hija y su padre que la cantaban sin comprenderla, en aquel pequeño país del trópico perdido para ellos.

Cuando Irene vio la figura de un anciano delgado que, bastón en mano, bajaba por las escaleras del edificio a abrirle la puerta, se le desvanecieron los planes y todos los sermones que había pensado en darle. Se le echó encima y solo pudo decirle al oído, muy bajito:

—Estoy aquí para que no te me suicides, viejito.

Su papá, como ella, también estaba temblando.

Mientras se fundían en el abrazo, el coro a punto de estallar se anticipó al potente grito: ¡Life!

El tren de los invisibles

JULITA Y LAS MANZANAS

Al niño Juan Manuel

«Dile a Miriam que me fui!». Eso fue lo que alcanzó a gritar mi padre, desde la ventanilla de la guagua, a un vecino que por suerte pasaba por allí. De esa forma nos enteramos de que había logrado conseguir autorización para subirse a uno de los barcos que lo sacaría de Cuba. Llevaba semanas yendo de aquí para allá, entre El Cotorro, que era donde vivíamos, y el puerto del Mariel. Había hablado con todos los que estaban a cargo. Se declaró como uno de los «indeseables» de la isla, al confesar, sin serlo, que era homosexual, loco incurable, peligroso para la nación y antirrevolucionario. Esto último siempre fue su verdad. Por esos delitos, el régimen lo expulsaría y se lo enviaría de regalo al tío Sam. Sin embargo, hasta ese día no había logrado convencerlos.

—Parece que fue tanta la lata que dio —nos dijo el vecino—, que uno de los oficiales terminó dándole el permiso con tal de no verlo más por allí.

Aunque yo era pequeña y, a pesar de los treinta años que han pasado de aquel día, sigo teniendo fresco ese momento en que nos cambió la vida para siempre, cuando el vecino nos fue a dar el aviso de su partida. Esta misma mañana me he levantado antes de las cuatro para empezar a hornear y me han venido a la mente todos esos recuerdos. En realidad, me despertó una de mis pesadillas «profesionales». Primero soñé que el cliente llegaba y que el *cake* no estaba listo, porque me había olvidado de hacerlo. Luego, que yo misma era una enorme capa de *fondant* blanco y que no lograba extenderme lo suficiente sobre una panetela esponjada. Siempre que estoy bajo presión tengo sueños así. Ayer me hicieron otro pedido grande en El Postre Perfecto y debo tenerlo listo para esta misma tarde.

Cuando comencé con esto de la pastelería, lo hacía en un pequeño dormitorio sin ventanas en East Harlem, con el horno más sencillo, la batidora más barata y moldes usados. Después de siete años, tengo clientes en todo el país, y desde el mesón de amasar puedo ver el río Hudson. Aún está oscuro y sobre el agua se proyectan las sombras alargadas de los edificios. Mi casa, que también es mi cocina, está en Hudson Yards, al oeste de Manhattan, en esta isla en donde nos aglomeramos muchos de los que alguna vez soñamos con vivir en ella, pero que nunca imaginamos lo que sería realmente vivirla. Una vez que pones el pie en Manhattan te quedas pegado, como un ratón en la trampa. Somos como esas ratas del *subway*: corriendo de un lado a otro o detenidos con la mirada extraviada. Pero, aun así, este sigue siendo el lugar donde los sueños de muchos como yo se cumplen.

Me especializo no solo en repostería de este país, sino también caribeña y española. Aquí tengo la suerte de poder comprar desde frutas tropicales hasta el ingrediente más caro de mis creaciones, el oro comestible de 24 kilates. Para quien sabe buscar, en los supermercados de Nueva York se consigue hasta leche fresca de coco. Aunque los sabores más populares que eligen mis clientes son mango, maracuyá y coco, nunca me faltan los pedidos clásicos de *pie* de manzanas, como este grande de hoy. Serán cincuenta *pies* finos para presentar en porciones individuales. Ya las he descorazonado y procedo a mezclar las yemas y el azúcar avainillado, cuando me vienen más recuerdos de un tiempo perdido, como si fuera otra vida. Mientras corto las frutas en láminas con la mandolina, me remonto al día en que llegaron las manzanas a Cuba.

Todo se juntó. Desde el mismo momento en que el vecino nos dio el aviso, y a sabiendas de que no era la primera vez que papá se despedía de nosotros, mi mamá se instaló esa misma tarde con una sillita en la puerta de la casa. Vigilaba de día y de noche. Imagino que esperaba verlo cruzar la esquina en cualquier momento, cabizbajo, rumiando por otro de sus frustrados planes de huida.

Yo tenía seis años para ese entonces y tanto mi hermana como yo nos negábamos a creer que se había ido sin nosotros. Recién habíamos estado todos juntos, intentando colarnos a la fuerza en la Embajada del Perú. Ese día nos fuimos con las maletas y todo. Esa vez hasta estuvieron mi abuela y mi tío menor Octavio, que andaba en muletas. Los peruanos no se esperaban que afuera se iban a amontonar casi diez mil personas, ni mucho menos que se armaría aquella rebambaramba cuando Fidel los obligó a cerrar(nos) las puertas (y los sueños). Con el desespero, la gente trató de meterse a la fuerza, entre ellos mi papá y mi tío que, con muletas y todo, intentó encaramarse por un muro y se cayó, rompiéndose también la pierna buena. Pero cuando estrellaron una guagua contra las puertas, lo que mató a uno de los custodios, a mi padre se le borraron todas las esperanzas de obtener la protección diplomática que ansiaba.

Desistió de las vías legales y se resignó a seguir con lo que él llamaba su «Plan B, por "B" de bote». En reuniones nocturnas disfrazadas de partidas de dominó, se juntaba con los amigos a estudiar los planos que él mismo dibujaba y a sacar la cuenta de los materiales que necesitarían para construir una embarcación segura con la que pudiésemos atravesar las noventa millas de aguas plagadas de tiburones hacia las costas de la Florida. Papá era ingeniero, o casi, porque no pudo terminar los estudios. Nunca se lo dije, pero a mí ese Plan B me aterraba. No quería que pensara que su Julita era una niñita miedosa o, peor, que, por causa de esa cobardía, me prohibiese estar presente en sus noches clandestinas. Ahora el éxodo del Mariel había hecho naufragar nuestros sueños de fuga. Papá ya no estaba, y todos nos sentíamos extraviados, sin ningún otro propósito que el de esperar noticias.

Pasó el tiempo y seguimos sin recibir ninguna comunicación de su parte. Nos hicimos a la idea de que se había marchado. Ni mi hermana ni yo respondíamos cuando algunos de nuestros conocidos lo tildaban de *escoria*. Otros, incluso amigos cercanos, nos retiraron el saludo. Dejaron de invitarnos a las juntas de vecinos o reuniones del CDR, es decir, del Comité de Defensa de la Revolución. Eso sí fue una desgracia para nosotras, pues, en esos encuentros comunales, cuya real función era ser «los ojos y oídos de la Revolución», siempre llevaban un *cake* para atraer a los niños. Mi favorito era el de bombón de chocolate, con merengue y panetela, que, por cierto, después de ser uno de los postres más famosos en Cuba (se vendía prácticamente en todas las dulcerías), a partir de la década de los ochenta, fue desapareciendo; tanto así que, cuando busqué la receta para recrearla, no pude encontrar por ningún lado la original. Más aún me sorprendió descubrir que muchísimos de mis compatriotas ni siquiera recuerdan haberlo probado.

Por fin, un buen día, mamá dejó de vigilar la calle y regresó a su rutina. Entretanto, yo probaba por primera vez el amargo sabor de la traición. Mi papá se había marchado, tal vez para siempre, y me había abandonado allí, después de involucrarme en sus planes y sus reuniones. Tenía vívido el recuerdo de muchas de esas noches en las que se apasionaba más de la cuenta. Despotricaba contra el Gobierno y tenía que venir mi tío a calmarlo para que no lo escuchara alguno de los vecinos afectos a la Revolución. Luego se acordaba de que yo estaba allí, se agachaba para quedar a mi altura y, agarrándome por los hombros, me decía, con aliento a ron:

—Acuérdate siempre de esto, Julita: tú eres española, no cubana. Es-pa-ño-la.

Aquello de las nacionalidades me confundía bastante, pero en cuanto a todo lo demás, a mis seis años, ya yo tenía una buena noción de que teníamos que largarnos adonde fuera, que no pertenecíamos a aquel país caído en desgracia desde la llegada de la Revolución. También me había formado la idea de que al otro lado del mar nos esperaba lo que yo entendía que sí era nuestro país de verdad. En mi cabeza, todo lo que quedaba fuera de Cuba era un solo país. Uno que algunas veces se llamaba Estados Unidos y otras España, donde todo era de lujo, bonito, y abundaban cantidad de cosas que aquí no existían. Yo soñaba con ese día en que nos iríamos, y devoraba las postales y fotos que nos enviaban los amigos que ya habían brincado el charco. En ellas siempre veía niños bien vestidos, sonrientes, posando con sus familias junto al fuego y con arbolitos de Navidad que no solo se miraban de lo más cómicos, sino que siempre estaban llenos de regalos, tal como, según nos contaba mi abuela, habían sido las navidades en Cuba antes de que las prohibieran.

Recuerdo otra foto que me sorprendió mucho porque se veía a la gente patinando sobre una pista de hielo. Yo hasta pensé que era hielo granizado, como el que me compraba mi mamá cuando la acompañaba a resolver cosas en la ciudad, pero mi abuela me explicó que allá el granizado no estaba solamente en vasitos, sino que caía desde el cielo hasta cubrir la tierra por completo.

Lo único que me impactaba más que las imágenes de la nieve era la de personas sentadas alrededor de banquetes de comida. Yo babeaba al ver aquellas mesas repletas de lo que para mí eran manjares exóticos. Cada vez que nos llegaba una de esas correspondencias, esperaba pacientemente a que todos se la pasaran de mano en mano. Era costumbre que todos oliéramos aquellas cartas y el papel de las fotos. Desprendían aroma a La Yuma, a extranjero, a nuevo. A diferencia de todo en la isla, que estaba deslucido y con olor a viejo. Luego, sin que nadie lo notase, yo cogía las fotos y me metía debajo de algún mueble. Con una lupa que le había robado a mi tío, les clavaba los ojos por horas. Paseaba mi dedo bajo el lente convexo y analizaba con minuciosidad aquellas ricuras que en Cuba no se conseguían. Me volvía loca con el aspecto de los postres y las bandejas de frutas con sus formas coloridas. Admiraba el color azafrán intenso de las naranjas grandes, redonditas y rugosas, que se me parecían a mi pelota de tela después de jugar bastante con ella sobre la tierra batida. Las uvas, más pequeñitas, y que se me hacían misteriosas, apiñadas en un manojo de gajos pardos. Había otras más oscuras, esféricas y con bultitos hacia afuera. No les sabía su nombre en aquel entonces, e imaginar su sabor se me hacía un enigma irresistible. Pero las consentidas de mis ensoñaciones frutales eran las manzanas. Grandotas, con esa forma globosa y hundida en los extremos. Salivaba anticipando que debajo de esa piel lisa, lustrosa y de un colorado intenso, habría una carne jugosa, consistente y de un sabor dulce y grato, mejor que ningún otro en el mundo.

Finalmente, a papá lo dimos por muerto. La gente nos fue devolviendo el habla, no sabemos si por lástima o por olvido. Regresamos a las juntas de vecinos. A veces escuchaba a alguno decir cosas sobre mi papá como «A Isidro se lo tragó la tierra». Yo quería gritarles que no, que seguro no había sido la tierra, y mucho menos esa tan nueva y bonita que nos estaba esperando. Que tenía que haber sido el mar, que se lo había devorado esa masa de agua salada gigante y que, probablemente, mi papá dormía para siempre en la panza de algún tiburón blanco. Eso pensaba yo, pero me contenía; además, mi hermana siempre se ponía a llorar con ese tema.

La cosa fue que tampoco tuvimos mucho tiempo para especular sobre esto, porque en esos días la comida empezó a escasear de verdad. Es imposible andar pensando mucho con el estómago vacío. Asistíamos a la escuela primaria y no recuerdo un solo día en el que no estuviésemos hambrientas. Nuestro desayuno consistía en cucharadas de leche condensada diluidas con agua. Eso nos daba un empujón de energía suficiente para las primeras horas de la mañana. Pero luego, por la misma subida de azúcar, nos sobrevenía un bajón terrible. Llegábamos al mediodía con muchísima hambre y no había forma de saciarnos con el arroz huérfano, mezclado solamente con un sofrito. Buscando ponerle fin a aquello, mi mamá se sacudió la melancolía que le quedaba y comenzó a prepararnos platillos con todo tipo de sustitutos ingeniosos. El picadillo con gofio o trigo molido para reemplazar la carne molida, o bistecs hechos con corteza de toronja o berenjena. Pero cuando hasta los vegetales se esfumaron, no nos quedó otra opción que comer extraños potajes hechos de frazadas viejas y trapos que mi hermana y yo ayudábamos a deshilachar. Luego que mamá hervía y machacaba la tela con una piedra, las adobaba con ajo, sal, el zumo de naranjas agrias, limón o lo que se consiguiese. Por último, procedía a freírlas a fuego lento. Nos tragábamos aquello y nos íbamos temprano a la cama, para no sentir los retortijones en la panza.

A veces mamá se las arreglaba para conseguir algunas meriendas excitantes a la imaginación, como las famosas galletas con olor a jamón. Nunca nadie supo qué ingredientes utilizaba para aromatizarlas, y si de verdad olían o no a jamón era algo discutible, pero la sola idea ya era reconfortante. En cuanto a los huevos, hacía rato que estaban perdidos en los mercados. Frijoles, arroz, pollos también fueron desapareciendo sin dejar rastro. Las únicas frutas siempre disponibles eran los platanitos, que comíamos hasta el hastío. La posibilidad de sembrar algo era una opción no solo difícil, sino arriesgada. Se hablaba de un vecino a quien se le habían dado unas yucas, y que, cuando por fin le crecieron, se las arrancaron durante la noche. Contaban que en su lugar le dejaron un papel escrito con el lema: «¡Patria o muerte, venceremos, si se ablandan volveremos!».

Tan surrealista como solo puede ser el Caribe, en esos días de extrema escasez y, gracias a un acuerdo con la Organización de Comercio de Países Hermanos, empezaron a llegar manzanas a la isla. Yo andaba vuelta loca, vaya pues, que por fin iba a paladear aquella fantasía, pero resultó que conseguirlas se convirtió en una misión imposible para la mayoría. En muchas ocasiones, apenas desembarcaban en el puerto las cajas cargadas, se esfumaba enseguida toda su existencia. Se rumoraba que iban a parar a manos de un solo comprador, algún misterioso y servil emisario del régimen. Hacerse con las manzanas se volvió una quimera entre los pobladores y una enorme obsesión para mí, que a mi corta edad estaba cansada de escuchar de la Cuba exuberante de otros tiempos en la que había de todo. Era mi turno de embucharme con un poco de aquella abundancia y meterle una mordida a una de esas manzanas sería como dársela también a la libertad. Así que me embarqué en la misión de conseguirlas.

—¡Olvídate de eso, niña! —me respondía mi mamá escandalizada—. Con lo que cuestan comemos una semana. Ni que fuesen de oro.

Sin embargo, yo había decretado que aquel gusto estaba destinado a mi boca, y no me iba a rendir tan fácilmente. Rogué a cada miembro de mi familia y amigos, y les hice todo tipo de mandados y tareas tediosas, hasta que un buen día junté el dinero suficiente. Solo faltaba que volvieran a aparecer las manzanas en alguna de las placitas de mercado, que era como llamaban a los almacenes del gobierno. Le hice seguimiento a cada rumor. Por fin me soplaron que estaba por llegar una carga. Al otro día, me planté desde la madrugada en la puerta de la placita, dispuesta a esperar el tiempo que fuese necesario. Pasé mi primera noche durmiendo a la intemperie. Mi madre, mi abuela y hasta mi tío Octavio fueron hasta allá para obligarme a volver a la casa, pero yo les armaba tal escándalo, no solo con gritos, sino también con dientes, uñas y patadas, que decidieron dejarme tranquila.

Al tercer día, algunos conocidos pasaban solo por la curiosidad de verme. Unos se reían en mi cara; otros me miraban con lástima y murmuraban que era igualita de terca que mi padre y que de seguro su partida me había dejado afectada. Pero luego llegaron otros que se entusiasmaron con la idea. Se instalaron conmigo en la plaza, llevaron música y dominó. Se fue formando una fila que le daba la vuelta a la cuadra, con gente de todas las edades, decididos como yo a hacerse con la añorada fruta. Cinco días con sus noches pasaron. Para ese entonces ya nos organizábamos para ir al baño y dormir por turnos. Para que aguantara, mi hermana me traía su ración de leche condensada cada mañana; con la condición, por supuesto, de que le guardara una manzana también a ella. Los encargados del mercado de la placita ya se estaban poniendo nerviosos. Quizás temían que, si no llegaban las manzanas, se iba a repetir allí un revolú como el de la Embajada del Perú. Trataron de disuadir a la gente, pero ya se les había vuelto una cuestión de honor. Y a mí también, claro está; no era para menos, yo había iniciado todo eso. La gente rumoraba que por ahí andaban unos espías; de vez en cuando pasaban unos policías y, por supuesto, uno que otro vecino del Comité de Defensa de la Revolución. Por fortuna, solo pasaban, veían que todo era fiesta y dominó, gente tonta esperando manzanas, y sin más se largaban. Quién sabe si hubiera durado un poco más el asunto, y ahí sí nos hubiesen caído a planazos. Pero las manzanas llegaron, supongo yo, justo a tiempo.

Cuando llegó el camión con la carga, todos en la placita daban gritos de emoción. Celebraban como si estuviesen tumbando al mismo Gobierno con aquel logro. Yo en cambio estaba erizada, con las glándulas salivales descolocadas, saboreando de antemano el manjar del que pronto iba a gozar. Me entregaron mi bolsita con cuatro manzanas, una por cada miembro de la familia, ya que por alguna extraña razón aún contaban a mi papá en la libreta. Tesoro en mano, me trepé sobre el techo de la casa. No quería que nadie me interrumpiera en aquel ansiado momento. Sentía el corazón dándome brincos y la cabeza a punto de explotar de la euforia. Saqué la primera y acaricié la película de cera que la recubría. Ya estaba brillante, pero igual la repulí con mi pulóver. Le di un besito y abrí la boca lo más ancho que pude para clavarle los dientes de un tajazo.

¡Puaaaajjjjjj!

La decepción. Probé con las otras tres, a ver si mejoraban en algo, pero con todas me pasó igual. Aunque a cada mordisco la pulpa desprendía una dulce fragancia perfumada, eran de lo más insípidas. Y no es que yo hubiese probado manjares, pero debo confesar que hasta el caldo de trapo de mi mamá tenía más sabor. De paso, la textura era demasiado firme, no jugosa ni refrescante como tantas veces lo había imaginado. Lo peor de todo era que me dejaba la lengua salpicada por unos cráteres harinosos que requerían masticación adicional.

Sin parar de dentellear aquella desilusión, lloré. Masticaba y escupía semillas, tragándome los pedazos casi enteros, mezclando aquel sinsabor infame con lo salado de mis lágrimas y mis mocos. Lloré lo que no había llorado cuando me dijeron que mi papá se fue, o cuando quisieron convencerme de que se había muerto. Lloré y odié las manzanas desde ese día, aunque igual me las comí todas, para que nadie supiese que aquella acampada en la plaza no había valido la pena. Faltaba una pila de años para enterarnos de que mi papá seguía vivo y que buscaba la forma de sacarnos de Cuba. Y tuvo que pasar otro montón de años más para que yo pudiese viajar por el mundo, probando manzanas en cada lugar que visitaba. Unas mejores que otras, pero siempre ásperas, insulsas, insípidas en comparación con el gusto dulce, otras veces ácido, pero siempre jugoso, de nuestras frutas del trópico.

Les espolvoreo un buen puñado de azúcar glasé a los *pies* antes de meterlos al horno. Por la ventana miro de nuevo el Hudson sobre el que ya despunta la luz del alba. Hace viento y se le han formado unas crestas blancas por todos lados, como si fueran merenguitos batidos. He decidido hornear un pastel extra para los primeros admiradores de mis creaciones.

Papá y mamá no viven lejos de aquí. Más tarde se lo llevo. Haré que este pastel sea el más dulce y especial de todos. Solo para mamá, solo para papá, solo para ellos.

RIZZIA Y EL TIEMPO

Taca taca taca taca. El sonido de los tacones de Rizzia fue lo primero que registró el viejo reloj de pared aquel fatídico día. Al caminar apurado le siguió un penetrante aroma a jazmín que lo noqueó directo en el medio de sus manecillas. Se extrañó de que la joven se perfumara así en una mañana común como aquella y, más aún, que lo hiciese con la fragancia cara, que no era de ella sino un recuerdo de la madre, y que solo utilizaba de a poquito en ocasiones especiales.

Sabía de memoria las rutinas de su dueña, gracias a las dieciocho mil cuatrocientas horas y siete minutos a su lado (lo equivalente a veintiún años para el calendario humano); por eso estaba seguro de que ese día, al igual que casi todos en los últimos años, Rizzia no tenía ninguna ocasión especial a la cual acudir. No en vano era él quien tenía la tarea de anunciarle cuándo llegaría el momento de pasar entre una actividad y otra, trabajo para el cual había consagrado toda su vida de reloj con la mayor dedicación y orgullo.

A las seis menos quince de la mañana le hacía abrir los ojos (aunque a veces amanecía condescendiente y la dejaba dormir unos segundos más), y luego la observaba caminar, greñuda y somnolienta hasta el baño, desde donde vigilaba que se tomase la medicina para la tiroides. Cinco minutos después, la vería irse directo a la cocina a prepararse un café, que se colaría sincronizadamente con el tiempo que Rizzia debía dedicar a sus ejercicios de respiración.

El reloj se recriminaba a sí mismo cuando le entraba la tentación de ser blanducho con ella. No podía evitar enternecerse cuando la veía impaciente, sentada en posición de loto, entreabriendo los ojos para verlo y de una forma que a él le parecía que le estaba haciendo señas para que se apurase. Sin embargo, consciente de que su deber era ser inflexible, permanecía fiel a su función, haciendo marchar militarmente las horas, minutos y segundos, ayudándola a mantener la férrea disciplina de la cual la joven dependía. Pero cuando Rizzia se iba al trabajo, ya solo y de su cuenta, el reloj practicaba en secreto lo que se había convertido en su segunda obsesión: el dominio de las horas.

Lo motivaba justamente el deseo de lograr complacer a Rizzia algún día en el manejo del tiempo. Comenzaba tomando una respiración muy profunda, tanto que al inhalar se sentía el crujido en su armatoste de madera. (Aunque imperceptible para el ojo humano, los relojes tienen su particular hálito de vida; se trata de un proceso de milésimas de segundos, aspiradas y expulsadas según la potencia de las piezas muelles, conocidas también como motor, y que viene siendo su corazón). Luego de aspirar, retenía el aire por varios segundos y después lo soltaba de golpe, aplicando al mismo tiempo toda la fuerza de la que era capaz en ralentizar o acelerar sus agujas con el fin de cambiar el ritmo de su péndulo colgante.

Pero todos aquellos esfuerzos hasta el momento no solo habían sido inútiles, sino en extremo dolorosos. Por más empeño que le pusiese, aquella manecilla segundera de ínfimo tamaño, pero de fuerza monstruosa, lograba siempre, y sin piedad alguna, dar su vuelta correspondiente, raspando de paso las entrañas (o el tren de ruedas) del reloj.

Después de estas prácticas fallidas, usualmente se torturaba también con el pensamiento de que, a pesar de que Rizzia le prodigaba una atención especial, era inimaginable pensar que ella llegara a saber que aquel medidor de su tiempo guardaba sentimientos dentro de su vetusto mecanismo. Los demás objetos de la casa tampoco tenían la más mínima idea de las preocupaciones de aquel viejo artefacto de herencia familiar. Por el contrario, lo tenían por alguien muy sabio y modesto, a pesar de su categoría e importancia. Y es que, en general todos los relojes son unas pequeñas pero increíbles y potentes maquinarias. Para su construcción se requieren más de tres mil quinientos tipos de operaciones, realizadas todas ellas a tolerancias de hasta 0.001 milímetro, es decir a menos del 1/50 del espesor de un cabello humano. En el caso de nuestro reloj, sus piezas móviles ya habían efectuado, sin una sola falla, un recorrido total de casi 145.000 kilómetros, durante su cuarto de siglo de vida. Todo gracias a su mecanismo de cuarzo, compuesto por un magnífico tren de engranajes que finalizaba en una rueda dentada (más conocida como rueda de escape) que se conectaba con su áncora, es decir, con la pieza encargada de trasmitir movimiento y que produce el famoso tic-tac del reloj. Por fuera era también espléndido: el cuerpo de madera maciza, lacada y de color nogal, tallada con finos detalles decorativos que resaltaban su naturaleza sofisticada. Para completar aquel artilugio, la melodía de sus campanas, que sonaban cada cuarto de hora, era agradable y por siempre afinada.

Ejercía su rol con orgullo, a excepción de una sola hora que se le hacía repugnante; la hora del pastillero. Aquella baratija, pequeña y odiosa, no le caía nada bien al viejo reloj; aun así, cada mañana le avisaba a Rizzia la llegada del momento de las pastillas. Una vez cumplido su deber, volteaba a mirar hacia otro lado. Le molestaba sobremanera que aquella cajita engreída se ufanara tanto de sus múltiples divisiones, cada una de ellas señalada con dibujitos relucientes y calcomanías. No negaba que aquel oficio tuviese un grado de importancia, pero tampoco consideraba que era algo como para que estuviese pavoneándose el día entero y haciendo alardes, como si gracias a él y solo a él Rizzia pudiera ser funcional con el resto del mundo. Se guardaba para sí aquel reconcomio con ese «plasticucho irreverente» que no le daba ni siquiera crédito a las pepitas de colores que tan celosamente guardaba, y mucho menos a él, el gran reloj de pared, quien en realidad era el que tenía la misión más importante: avisarle las horas en las cuales debía medicarse. Con las pastillas, en cambio, no tenía problemas, ya que ellas nada presumían; vivían además permanentemente drogadas y sin enterarse de lo que sucedía en la casa. A pesar de esa rivalidad, el reloj se comportaba como un caballero, trabajando sin quejarse y aguantando estoicamente los devaneos de aquel pastillero insulso. Hasta que los celos lo llevaron a lo inevitable.

En uno de esos días en que le avisó a Rizzia que era hora de la pastilla, el reloj notó que ella no hacía nada, pero en vez de alarmarse, le entró un fresquito. Y así al otro día, y al otro y al otro. El pastillero, tan orondo, no se rendía las primeras veces, pero como iba viendo que nada ocurría, con el paso de los días se sintió olvidado y hasta la sonrisa de plástico se le cansó.

«¿Sí lo ves, majadero, que sin mí no eres nada?», pensó el reloj. «Eres totalmente prescindible. En cambio, a mí ella no puede dejar de mirarme ni un día».

Dijo esto para alardear ante su competidor, pero en realidad estaba muy preocupado, porque cuando hizo sonar sus ocho campanadas esa mañana, Rizzia tampoco le había hecho caso y solo se había limitado a mirar fijamente al suelo. Así, un día tras otro, se repitió lo mismo. El reloj las contó: fueron setecientos treinta horas, o un mes en tiempo humano, en que Rizzia no volvió a tomar sus medicinas.

Con el paso de los días, la situación no mejoró. Tampoco para el pastillero ni el viejo reloj. El pequeño contenedor, sintiéndose un bueno para nada, se terminó sumiendo en una depresión tal que empezó a automedicarse con las mismas píldoras. Y el reloj, por su parte, dejó de sonar. Aunque de cuando en cuando seguía perseverando, sin éxito alguno, en sus intentos de ralentizar o acelerar el tiempo para así complacer a la dueña de su corazón.

Esa mañana notó algo mucho más extraño que de costumbre. Además de los tacones acelerados y del perfume caro, la vio irse de casa por primera vez sin llevar ningún tipo de bolso o cartera, y notó que sí se guardó en cambio su documento de identidad en uno de los bolsillos del pantalón. También le pareció peculiar que, antes de salir, ella se detuviese para darle un vistazo a todo el pequeño departamento. Fue un recorrido visual de apenas segundos, pero que al reloj se le iban haciendo muy largos, hasta que de pronto Rizzia clavó sus pupilas sobre él. Bajo aquella mirada sintió una abrasión que subía velozmente desde el fondo de su muelle motor, tornándolo al rojo vivo. Rogó al cielo que, por esa ocasión, las milésimas se convirtiesen en siglos, y por primera vez deseó ya no ser tiempo sino eternidad, para que los ojos de Rizzia viviesen para siempre sobre él. No hubo forma. Ella le dio a espalda y salió, cerrando la puerta tras de sí. Aguzó el oído para escuchar cómo se alejaba el taca taca decidido de sus pasos.

Aquellas emociones fuertes siempre lo dejaban agotado, así que luego de dar un gran bostezo se dispuso a pasar las horas con una buena siesta hasta que ella regresara. Cabeceó y se sumió en un sueño con imágenes suyas y de Rizzia paseando de la mano por un prado luminoso. Él reloj nunca había visto un prado de verdad, pero en la pared del frente colgaba un lienzo donde estaban pintadas dos lomas con un verdor intenso, bajo un cielo naranja y despejado. En la cima de la loma más alta se posaba un único árbol solitario. «Casi tan solitario, como yo», solía pensar el reloj. «Digo "casi", porque al menos yo tengo a Rizzia, y ella me tiene a mí para acompañarnos en este transitar de horas que es la vida». En su sueño, él y Rizzia caminaban bajo aquel sol inflamado. Le alegró mucho ver que ella reía a carcajadas. Él había perdido la cuenta de cuándo fue la última vez que la había visto tan siquiera sonreír. Y fue allí cuando, de forma involuntaria, sucedió aquello que en tantos años de esfuerzo y sacrificio no había logrado; su manecilla segundera caminó en dos tiempos en vez de uno, luego fue aún más lenta y se movió a intervalos de tres segundos, luego cuatro, y así su tic-tac fue sonando cada vez más espaciado. Cuando la última pieza se detuvo por completo, sintió que le faltaba aire, y acto seguido una aguda punzada se le clavó en el lado derecho de su palanca de escape. La manecilla más grande se le torció una vez más, lenta, pesada y, al terminar la vuelta, le proporcionó un golpe seco que resonó en su interior de madera.

Abrió los ojos por última vez para observar las verdes lomas que podrían llevarlo de vuelta a su sueño con Rizzia, pero en cambio tuvo la visión de ella caminando dentro de un túnel y diciéndole adiós con la mano. Volteó a mirar el pastillero, que, ante el horror de verlo así, tenía todos sus compartimientos plásticos boquiabiertos.

El reloj dio un último respingo, tratando de llegar hasta el lienzo, pero, a pesar del doloroso estirón, no pudo descolgarse ni un milímetro de la pared. Un segundo, acaso el más largo de su historia, le alcanzó para reflexionar sobre lo iluso de su función de medir un tiempo que inexorable y despiadado atravesaría a todos por igual, humanos y objetos. Si acaso, uno que otro recuerdo sería el único en zafarse, pero no por mucho, ya que a su paso esas memorias también terminaban siendo arrastradas hasta el derrotero donde estaba el olvido final.

Rendido, exhaló su último aliento. El pastillero no pudo contenerse al ver morir a su viejo compañero. Una a una, se le fueron humedeciendo todas las pepitas que aún guardaba y que, con sus lágrimas, comenzaron a deshacerse hasta volverse un líquido azul.

LA EXPULSIÓN

Después de varios días de extrañar sus locos cabellos decolorados en perenne agitación por el salón de clases, finalmente la directora nos anunció a los alumnos de octavo grado que habían expulsado a Daniela.

Desde entonces solo pienso en encontrar la manera de hacerle saber que no creo nada de lo que andan diciendo de ella, ni tampoco que sea una mala influencia. Por eso, sin que nadie se diera cuenta, le escribí una nota en uno de los cuadernos que dejó dentro de su pupitre y me lo guardé en mi mochila. Con eso tengo la excusa perfecta para ir a su casa, porque con toda seguridad ella no va a regresar al «infierno» (como le gustaba llamar a la escuela) ni para saludar.

Esta mañana me detuve no sé cuántos minutos frente a su puerta, pero me fui sin atreverme a llamar. Pienso que si abre y me mira con cara de «¿y esta qué hace aquí?», me va a dar algo. ¡Cuánto odio esta maldita timidez! Si no fuera por su culpa (de la timidez) le diría: «¡Qué onda, Daniela! Supe que te echaron de la escuela y solo quería decirte que me vas a hacer mucha falta... Sí, aunque casi nunca hablamos en todos estos años, pero me gustaba mucho observar tu chicle constante, los colores insólitos en tu cabello, tus uñas rojas y tu irreverencia. Pero, sobre todo, esa soledad con la que te movías tan tranquila, que parecía contentarse con un cigarrillo y un libro sentada en las escalinatas de la iglesia, quizás escapándote a ese otro mundo al que nadie más que tú parecía tener acceso. También extrañaré tu falda arremangada varias veces en la cintura, la que una y otra vez la de disciplina te mandaba a bajar (te confieso que en eso sí estaba de acuerdo con ella, porque la visión de tus muslos pequeños y curvilíneos me distraían por completo de las clases)».

Si no fuera por esta puta timidez, te haría recordar ese día en el que te encontré borracha, a media mañana, en el baño del auditorio.

Esa fue la primera vez que supe que yo, tan invisible, tan equis en la vida, sí existía para ti. Después de que terminé de ayudarte a vomitar y a lavarte para que no se dieran cuenta de tu estado, fijaste tus ojos verdes y extraviados en los míos y me dijiste:

—Si yo fuese lesbiana, no dudaría en salir contigo.

Yo me quedé congelada por dentro, sosteniéndote todavía el cabello y sin saber qué responder. Y es que tú no lo sabes, pero antes de ese día seguía negando mi sexualidad. Creía que de tanto ignorarla se desvanecería, y que en algún momento me terminaría gustando uno de los atletas de la escuela, o algún músico por los que tú y la mayoría de las chicas suspiran. No sé cómo aquello que yo tanto me había esforzado por ocultarles a todos había sido algo tan simple de ver para ti. Y no porque fueras ni un poquito lesbiana como hubiese querido, ya que, para mi desgracia, me tocó verte de mano en mano con tus novios de turno, sino porque tú sí me miraste, no solamente ese día en el baño, sino en los recreos solitarios en el patio, o retraída y luciendo un poco espeluznante en las fiestas, mientras todos bailaban y se hablaban. Me miraste y viste quién yo era, y lo viste porque eres sensible; tanto que te proteges detrás del exceso de maquillaje, de los *piercings*, el libro, el cigarro, las uñas rojas y la irreverencia. Eso que me dijiste se tatuó en mi mente, hasta que un día pude decírmelo a mí misma. Muchas veces quise darte las gracias por eso, porque me ayudaste a liberarme, pero no me atreví. Me pareció más significativo cumplir nuestro pacto implícito de hacer como que nada había pasado. Pero ahora que no voy a verte más en la escuela, tengo que decírtelo. Esto que te hablo sin hablarte, y también que te quiero. Y que sé que no te molestará, porque eres de las que sabe, incluso antes que yo, que cuando el amor es puro no importa el sexo.

Mañana me atreveré a tocar tu puerta... Mañana sí.

El tren de los invisibles

LOS INVISIBLES

Como todas las noches, después de mi turno de mesera, tomé el tren desde Manhattan en dirección a Washington Heighst, y me puse cómoda en uno de los últimos asientos dobles para poder subir y descansar los pies. A esa hora solo había una persona más en el vagón. Cerré los ojos y me recosté. El turno había estado particularmente extenuante, así que solo deseaba que mis vecinos dominicanos no anduviesen todavía con la fiesta prendida. Me estaba quedando dormida cuando el tren empezó a desacelerar; luego, a marchar de forma interrumpida por varios minutos, hasta que terminó por frenarse del todo en mitad del túnel. Si estaban haciendo trabajos a esa hora o, peor, si a alguien le había dado por lanzarse, estaba jodida; llegaría mucho más tarde a mi casa.

Busqué calibrar la situación con el otro ocupante del vagón, pero este dormía profundamente como si nada. Aproveché de mirarlo bien, ya que éramos los únicos ocupantes en aquella incómoda situación. Era más joven de lo que me había parecido a primera vista. Lo avejentaba la barba y el aspecto descuidado. Seguramente, uno de los tantos sin hogar de esta ciudad, pensé. Cerré los ojos y traté de relajarme. Casi estaba por dormirme de nuevo cuando me despertó una alarma ensordecedora. Ahora sí me empecé a preocupar. Volví a mirar al hombre, a ver si reaccionaba. Esta vez abrió los ojos y se rebuscó dentro de una de las bolsas unos audífonos que procedió a ponerse, y así siguió echado tan tranquilo. Fue allí cuando lo detallé mejor y me llevé la sorpresa. Resulta que a aquel indigente yo lo conocía. Habíamos ido al mismo *high school* en Brownsville. Me moví unos asientos más en dirección a él, solo para verlo mejor y estar segura. Sí. Era él, Noah.

—¡Ey! ¡Noah! —grité para hacerme escuchar sobre la alarma y sobre sus audífonos—. ¿Noah, verdad? Soy Clarisse. Fuimos juntos a Brownsville.

Tardó unos minutos en reconocerme. Nunca fui muy agraciada en los tiempos de la escuela. Pero ahora tengo lo que dicen un físico interesante, no bonita en un sentido clásico, pero mi culo y mi pelo ensortijado atraen a muchos hombres. Después de un rato rememorando historias de gente de la escuela, sacó de la bolsa una botella de Thunderbird que nos fuimos turnando, primero en la tapa y luego a pico. Las manos de Noah le olían un poco a vino y un poco también a gasolina. La alarma había parado y ahora hablábamos de nosotros mismos. Me contó que el tren era su hogar permanente, gracias al cual no tenía que pagar alquiler ni dormir en la calle. También había trabajado en restaurantes durante algún tiempo y por eso sabía cuáles eran los mejores contenedores de basura donde buscarse sus tres comidas. Según me dijo, había sido más una decisión de él mismo que de la vida. Para ese momento mi ansiedad había desaparecido y ahora me invadía una sensación serena. Algo que podía percibir en los ojos de Noah también. Allí, solos los dos, los invisibles olvidados del mundo, como salamandras en el medio de la tierra, sin tener que hacer nada más. Me gustaba Noah en la escuela y me gustaba ahora, a pesar de sus fachas.

—Supongo que pasarás la noche aquí en mi casa; así que ven, arrímate a mí —me dijo.

Me pasó el brazo sobre el hombro y me recosté en su pecho. Llevaba una chaqueta gruesa con lanilla que se sentía bien y me había acostumbrado al tufillo a gasolina. Me alcé y acerqué mis labios a los suyos, y desde allí sentí el calor deslizarse desde su boca hasta mis pantalones. En ese instante el tren empezó a moverse. La próxima estación era la mía, pero no dije nada. Arriba, la ciudad insomne seguía su frenético ritmo, pero nosotros estábamos a salvo.

CARMENCITA EN EL PAÍS DE LAS MARAVILLAS

Hijo, te he dejado varios mensajes en el feisbu y en tu guasap, pero no se sí te han llegado o si es que no los abres. Tu abuela me dice que estás bien, que tienes mucha tarea y que por eso no respondes. Yo te conozco como nadie y sé que esa no es la razón. Sigues molesto porque me fui a otro país, ¿verdad? Sé que es así y, aunque no lo creas, te entiendo. A tu edad no es fácil comprender que en la misma tierra que lo vio nacer a uno no haya una sola oportunidad. Tampoco yo lo comprendía, y aquí me ha tocado volverme más práctica, y mientras menos pensativa me ponga, mejor.

Yo sé que para ti no existe un lugar mejor que allá. ¿Cómo fue que le dijiste a tu abuelo?

Que, aunque todos decían que este era un mejor país que el nuestro, no era cierto, que el mejor país era aquel en donde estaban tu familia y tus amigos. Y eso, hijo, a cualquier edad es una verdad indiscutible. Yo sé que no quieres venirte para acá, pero cuando tenga todos mis papeles en regla te voy a ir a buscar y te vas a venir a vivir conmigo. No te será fácil al comienzo. Tendrás que aprender el idioma y adaptarte a estar solo todo el día, mientras yo trabajo. Serás otro niño con la llave al cuello, que calienta su almuerzo en un microondas y come frente a la computadora... También sé que tú siempre haces amigos nuevos enseguida. Además, podremos ir cada año a los famosos parques esos. Yo todavía no me he atrevido a ir, porque me moriría de tristeza al ver todo aquello y que tú no estés allí conmigo. Estoy guardando todos los folletos y cupones que me encuentro para que vayas viendo las montañas rusas, el ratón Miqui y el castillo mágico de Harry Potter.

¿Te gustó la guitarra que te mandé por tu cumpleaños? La escogí roja y negra, porque no la conseguí azul, y sé que azul es tu color favorito (¿sigue siéndolo?). Tu profesor de música me escribió para preguntar por qué ya no asistías a sus clases. Dice que tienes mucho talento musical y que vale la pena que invierta en una buena guitarra para que sigas practicando. ¿ O es que acaso ya no quieres tocar más? Tampoco estás yendo a las prácticas de fútbol... No quiero pensar que dejaste de hacer todo lo que te gustaba por mi ausencia. Acabas de cumplir catorce. No es cualquier edad. Ya dejas de ser un niño y comienzas a ver el mundo con ojos cuestionadores y en especial mis decisiones. En tu estampa naciente y optimista no caben la desesperanza, la desazón ni mucho menos el miedo. Ese miedo que me hizo salir corriendo. Miedo de no poder dejar de depender de un hombre para sobrevivir, a pesar de sus maltratos. Miedo de que escucharas desde tu cama los golpes silenciados por la almohada.

Aquí, en cambio, en el primer mundo, no necesito a nadie más para subsistir. Puedo pagar mi renta y aun así me queda dinero para enviárselo a ti y a tus abuelitos (ya le dije también a tu abuela que se viniera conmigo, pero ella sí que ni el pasaporte se quiere sacar). Tú y yo sí que viajaremos por todo este planeta. Ese es mi sueño, hijo. Un día entenderás que mi historia no empieza y termina siendo tu madre. Y que cuando te tuve era tan joven, tan sola; sin embargo, yo lo enfrentaba todo, como tú ahora, henchida de alegría por ser madre y segura de que nada nunca nos iba a faltar. ¡Seríamos tú y yo contra el mundo! No obstante, ese mundo sacó unas mañas que tenía escondidas y, cuando menos lo esperé, ya me tenía sin aire y contra el suelo. Y fue cuando la historia tuya y nuestra alcanzó rumbos que no preví y que me llevaron a correr a medianoche a un hospital contigo, ahogado por el asma, a pedir dinero prestado, a abandonar mis estudios y a hacer hasta lo impensable por ganar dinero. Tú ni te enterabas, tu vida era jugar, y estaba bien, así tenía que ser.

Al menos puedo decir con orgullo que jamás te faltó una piñata y un pastel de cumpleaños. Yo hacía malabares, me endeudaba o lo que fuese para poder celebrarte, porque sé que esos serán tus mejores recuerdos. Yo no tuve muchas piñatas ni fiestas de cumpleaños; pero ahora tendré para siempre en mi memoria cada una de las tuyas.

Sé que no podré evitar que te resientas conmigo por estos años de ausencia. Por eso te mando zapatos de marca, gorras de béisbol, juegos de video y todo lo que pidas (aunque a veces te los mande una talla más pequeña, porque estás creciendo tan rápido que cambias de talla y de gustos y yo desde la distancia no puedo seguirte el paso).

Ya se acerca otra Navidad, hijo, y no sé cómo haré sin ti. Me prohíbo ir ni a uno solo de esos *malls* que están tan bonitos decorados y que tienen un san Nicolás igualitito al de verdad. Prefiero quedarme en casa y no tener que ver a todas esas mamás y papás con sus niños comprando regalos y sin preocuparse de nada, felices porque están en su país y hasta san Nicolás les pertenece. Pasaré la Nochebuena sola, esperando que me contestes por videollamada, y es que la última vez que te vi por *faistaim* estabas muy flaco, hijo... Yo sé que te estás estirando, pero me preocupa que no estés comiendo bien...

En cambio, yo me estoy atragantando raciones inmensas de postres, *waffles* y unas *crepes* de esas rellenas con Nutella, frutas y dulce de leche, tan gigantes que llegan a ser groseras (así como grosera es la cantidad de kilos que he aumentado desde que me fui). Créeme cuando te digo que todo este sacrificio tendrá su recompensa. Ya lo sabrás cuando estés aquí. Irás a la escuela y tendrás las mismas oportunidades que todos los niños del primer mundo. Porque, con o sin crisis, con malos o buenos gobiernos y hasta con guerras, este sigue siendo el país de las oportunidades y aquí sales adelante, obligado. Si no, ¿de qué sirve llevar la herida siempre abierta?, ¿qué sentido tiene haberme separado de la carne de mi carne haciendo caso omiso de todas las advertencias? Como a una le llegue a ir mal emigrando es preferible la muerte. Por eso no le cuento a tu abuela las veces que aquí pasan semanas para que me salga algún trabajito. Ni tampoco que he limpiado casas y cuidado niñitos ajenos. Yo prefiero limpiar, porque cuidar niños me deja en el pecho un hueco hondo. Ellos me recuerdan a ti y de lo mucho que me estoy perdiendo del día a día de tu vida. La otra tarde sin querer llamé por tu nombre al niñito y cuando le enseñé tu foto me preguntó:

—¿Carmencita, ese es tu bebé?
—Sí, es mi bebé grande.
—¿Y por qué no está contigo?
—Porque vive en Venezuela con sus abuelos... ven, que te pongo la televisión un rato.

Y mientras él miraba sus *cartoons*, yo lloraba calladita.

Si vieras la preciosidad de casas en las que he trabajado. Tú y yo vamos a vivir un día en una casota de esas, con cuarto de huéspedes para cuando tu abuela decida venir, y que las primas se queden también y se admiren de todo lo que hemos logrado y digan con orgullo que sí, que yo sí pude, que salí del país y triunfé.

Te cuento todo esto, hijo querido, porque ya tienes catorce y puedes comprender mejor. Yo sé que se te irá la rabia cuando me veas, cuando te cocine algo rico y leamos juntos antes de dormir. ¿Sigues leyendo un cuento antes de acostarte? Cuando abras tu libro cada noche quiero que pienses que estoy a tu lado. Te compré unos con las comiquitas japonesas que te gustan, en español, y voy a enviártelo. Porque aquí sí que hay de todo en las librerías, hijo. Aquí hay de todo en todas partes... de todo menos un hogar y un nosotros. Pero yo voy a crear un hogar para ti. El mejor del mundo. Una casita igualita al dibujo que me hiciste, ese en el que estamos los dos solos junto a un lago repleto de peces. Lo tengo colgado en el refrigerador para mirarlo todos los días, no vaya a ser que entre tanto primer mundo se me olvide a lo que vine. Porque esta es la tierra en que todos los sueños se pueden lograr, ya verás que será así. Confía en tu mami que sabe lo que es mejor. Anda, hijo… Contéstame las llamadas, por favor…

EL RITUAL

El día en que Mercedes decidió retomar sus hábitos de bruja, lo hizo sin el menor de los remordimientos. El único problema era que había perdido práctica y en su mente se enmarañaban ingredientes, conjuros y oraciones de todos los colores y aromas posibles. A través de los años y de múltiples mudanzas había ido extraviando, regalando y olvidando los cuadernos dónde redactaba invocaciones, así como los tratados de magia, las runas e incluso aquel precioso tarot egipcio, regalo de su iniciadora.

Ahora que estaba de vuelta, decidió probar suerte haciendo una búsqueda en Internet.

—Quién quita y encuentro alguna página mística buena —se dijo emocionada—. Quizás una en la que pueda suscribirme bajo el compromiso de ser respetuosa de la ética de las brujas y acudir incluso a sus encuentros anuales.

Pero el despliegue de resultados la cogió completamente por sorpresa. Aquello era un conglomerado de páginas repletas de brujildas modernas, dudosas recetas, pócimas y brebajes para todos los gustos. Mercedes catalogó aquello como una inminente prostitución de las ciencias ocultas, un caótico sincretismo tecnológico causado por cientos de manos invisibles que tecleaban a su antojo, despojando groseramente de todo misterio a los más añejos rituales. Se exaltó más aún cuando reparó en los incontables «horrores» ortográficos en los rezos, los nombres errados de hierbas y las decenas de versiones libres de los conjuros. Cerró la computadora e intentó, con todas sus fuerzas, recordar, ordenar por su propia cuenta las fórmulas desperdigadas en su mente, pero fue inútil. Así que optó por seguir navegando y horrorizándose, hasta que dio con un blog que le pareció relativamente decente. Llevaba un sello de La bruja verde.com. Eso sí que le simpatizó, pues siempre había sabido que su propia magia no era negra, pero tenía que reconocer que tampoco era blanca como la nieve. Además, la gama de los verdes le evocaba los poderes de las hierbas, las leyes de la naturaleza y, por tanto, el dominio natural que pensaba ejercer sobre aquel hombre con un buen hechizo de amansamiento.

Encontró la mayoría de los ingredientes en su cocina y los demás los improvisó. Sabía al dedillo que la raíz del éxito de todo encantamiento estaba en realidad en la fuerza de su mente, y que aquellos elementos solo actuarían como potentes catalizadores de su energía.

—Con tantos años de descanso, mi memoria puede andar algo oxidada, pero en lo psíquico… aún estoy que ardo —dijo riéndose, mientras se recogía el cabello en un moño y se apresuraba a desvestirse.

Engrasó la vela con aceite mientras repetía en voz baja lo suave que sería él (tal como ese aceite) a partir de aquel momento. Luego dejó caer dentro de un frasco un puñado de medias lunas, pertenecientes a las uñas de su hombre y que ella había estado recopilando a manera de previsión. Deshojó cinco pétalos de rosas rojas que había comprado la tarde anterior y procedió a salpicarlos con grandes terrones de azúcar morena y, finalmente, sobre aquel menjurje, colocó una moneda (por aquello de que el amor con hambre no dura). Llegado el momento de verter la miel dentro del frasco, se sentía totalmente inspirada.

—A partir de ahora, dulce y blando, como esta miel, ha de ser conmigo.

Dicho esto, con la punta de un cuchillo cruzó sobre la vela su nombre junto con el de su amado y tomó entre sus dedos el clavo que sustituiría al alfiler cabezón de la fórmula original. Cuando la punta de acero atravesó la cera, una aguda punzada la traspasó desde su sien izquierda hasta la cima de las cejas, pero no le dio tiempo de preocuparse, porque en ese mismo instante, y en cuestión de segundos, retornaron a su mente todos los encantamientos, ensalmos y recetas mágicas que había aprendido en sus años de su juventud.

—¡Esto es como montar bicicleta! —exclamó feliz.

Sintiéndose guiada por una fuerza superior, la bruja saltaba y danzaba por toda la casa, trayendo ingredientes de aquí para allá, en la medida en que se le iban ocurriendo nuevos modos de incrementar el poder de su hechizo. Una buena rociada con canela para la pasión y siete vueltas al incienso en el sentido contrario a las agujas el reloj, para espantar la pava de todas las chismosas que desde un principio le envidiaban el noviazgo. Luego se quitó del cuello el dije de cuarzo rosado y lo puso en la ventana, a fin de bañarlo esa noche con rayos de luna y así propiciar la armonía. En medio de aquella euforia tuvo una idea que le pareció osada.

—Si toda esa gente en Internet mezcla a su antojo los procederes mágicos, yo también podría reformular mis conjuros con otros conocimientos que he adquirido durante estos años de retiro.

Cuando se hincó sobre la pócima, colocó estampitas de sus santos favoritos junto con unas hojas escritas con mantras budistas y partituras de cantos a Krishna; puso a sonar las recitaciones de un indio nativo de Norteamérica que también incluía una meditación de tambor corazón. En el negro de sus ojos se reflejó la llama de la vela embadurnada previamente en aceite y, cuando el pabilo ardió del todo, comenzó:

—En el nombre del Padre, del Hijo y del Espíritu Santo, pido el permiso para trabajar en esta hora por vías espirituales a Jhony Armando Torres Marrero.

Cuando sintió que le fue autorizado el acceso, le tocó el turno a San Marcos, a quien le habló con un tono autoritario que no parecía combinar con su cuerpo menudo y delgado.

—San Marcos de León, tú que amansaste a la draga y al dragón, amánsame a los toros bravos que también del monte son. Apacigua a Jhony Armando Torres Marrero. Humíllalo ante mí como se humilló Cristo ante Pilatos...

Llegado el momento cumbre de probar su nuevo procedimiento, carraspeó para afinar la voz y seguidamente recitó una invocación para deidades del hinduismo:

—*Om namah shivaya Gurave, Saccidananda Murtaye, Nisprapancaya Sahntaya, Niralambaya tejase. Oooooooom...*

Luego pasó a los mantras del Tíbet y, por último, resonó su voz junto con la del chamán amerindio y su tambor corazón. A pesar de que aquel anciano entonaba su poderosa plegaria en el dialecto de su tribu, Mercedes lo pudo entender a la perfección:

—Esta es una vez que no es una vez, en un lugar que no es un lugar, en un día que no es un día. De pie estoy ante el umbral de dos mundos, ante el velo de los misterios. Que los antepasados me ayuden y me protejan durante mi mágico viaje.

Cuando el chamán calló, la hechicera continuó orando en queda voz. No supo cuánto tiempo pasó, pero, cuando abrió los ojos, notó que la vela chisporroteaba con mucha más intensidad.

—Ya me han escuchado —se dijo.

Remató con una invocación al nombre de Maria Lionza, de las 45 potencias norteamericanas, las 36 cortes inglesas, los 7 poderes africanos, la corte celestial, corte vikinga, corte changó, corte macumba, corte negra y espíritu de la luz. Cuando terminó, estaba sudorosa y hambrienta, pero, aun así, no se olvidó de sellar la clausura con un pacto de bondad en el que, con la mayor humildad, se comprometía a convocar las energías universales prometiendo siempre emplearlas para el bien.

Un par de horas después, ya duchada y lista para dormir, y justo cuando se encontraba frente a la computadora con el fin de apagarla, sonó su teléfono. Al ver en la pantalla el nombre del susodicho, frunció el ceño. De inmediato se fijó en la vela que estaba a un lado: su recorrido estaba a más de la mitad. Sonrió, pero también sintió rabia. Sin duda iba a reclamarle el hecho de que en todo el día no había sabido de él, y que, además, las veces que lo había llamado había tenido que oír la odiosa contestadora automática. Tomó aire para darle más drama a su voz:

—¡Hasta que al fin te dignaste a aparecer!

Pero las palabras no le pasaron de sus labios. Tras un segundo intento, sintió como si unos dedos largos la ahogaran desde el interior de su garganta, impidiéndole proferir sonido alguno. Al otro lado de la línea, Jhony la llamaba:

—¿Aló? Aló… ¿Mercedes? ¿Meche estás allí?

«¡Sí, aquí estoy! ¡Aquí estoy carajo, pero no puedo hablar, no sé qué me pasa!», bramaba ella en su mente.

El susto fue de tal calibre que a Mercedes se le olvidó el enojo y solo atinó a pensar: «Amor…amor». Pero, sorpresivamente, estas palabras sí le «sonaron».

El novio, aliviado, replicó:

—¿Qué pasó, mi vida bella? Me asustaste, chica. ¿Acaso no me oías? ¿O no me quieres hablar? Yo sé que debes estar molesta conmigo, pero déjame que te explique primero…

Mientras Jhony Armando se explicaba, Mercedes bufaba por dentro, queriendo gritarle que no le creía nada de nada y que, como fuera, él había debido encontrar la manera de comunicarse durante el día y no tenerla tan preocupada, como el tremendo desconsiderado que era. Pero en lugar de esto, ella asentía comprensiva a sus excusas, y en contra de su voluntad solo podía producir un sonido ronco y suavecito, el mismo que a él lo derretía como una barquilla al sol.

Jhony Armando, sorprendido y aliviado de haberse librado de una reprimenda de las buenas; sobre todo, conociendo el difícil carácter de su novia, comenzó a decirle que la quería, que la adoraba. Mercedes miró el teléfono extrañada, quiso insultarlo, decirle cuatro cosas bien dichas. Pero lo que hacía era emitir aquellos sonidos que hacían que Jhony se sintiera cada vez más excitado.

—Mi vida, ¿qué estás haciendo? —dijo él con jadeos y bajando su mano a la entrepierna—. Pero qué... qué rico, esto nunca lo habíamos hecho.

Mercedes comprendió lo que aquel novio sinvergüenza estaba asumiendo, y se propuso dejar de producir aquellos sonidos. Sin embargo, no pudo hacerlo: ahora gemía y gemía contra su voluntad. Su propia mano también bajó a la entrepierna. ¿Pero qué estaba ocurriendo? ¡Ella no deseaba aquello!

Del otro lado de la línea, Jhony estaba cada vez más excitado. Era tan inesperado que su deseo se volvía cada vez más ardiente y al mismo tiempo volvía a sentir el amor de sus comienzos. «Tal vez sea hora de que me eche al agua con la Meche», pensó.

Ella, por su parte, no dejaba de gemir y tocarse con aquella mezcla de enojo y delicia.

—Merche, te amo… Mi vida, qué rico, te amo, aaah… —escuchó decir a Jhony Armando con la respiración entrecortada, definitivamente alcanzando el orgasmo.

En el monitor de la computadora, apareció entonces, sobre un fondo verde, la imagen pixelada de un dragón. Sentada sobre este, se dibujaba una mujer exuberante, de larga cabellera, grandes pechos y cintura estrecha. Estaba totalmente desnuda y apenas llevaba un largo sombrero puntiagudo. El dragón abrió la boca y soltó fuego. La pantalla se volvió por completo roja por un instante. Luego, como si tuviera una cámara frente a ella, Mercedes se vio sentada enfrente, con el celular pegado a su oído y con aquella cara de éxtasis supremo, gimiendo sin poder articular palabra. Sin duda, se dijo entonces, el hechizo había funcionado de una manera extraña, retorcida.

SEMANA SANTA EN LA ISLA

Isla de Margarita.
Instituto Femenino de Atención al Menor

Lo primero que escuché fue un sonido de pasos en la pared exterior de mi celda. Al inicio pensé que Augusto al fin había venido para ayudarme a escapar. Seguí con la mirada la dirección del sonido, que fue en ascenso hasta detenerse en el tope de la pared, justamente en donde estaban unos pequeños orificios de ventilación que no alcanzaban a airear lo suficiente aquel foso. Calculaba que ya llevaría allí unas doce horas, aunque no estaba tan segura, porque, de tanto dormir y despertarme de a ratos, había perdido la noción del tiempo; podía deducir que era entrada la noche, ya que mi celadora no había vuelto a dar rondas y tampoco se escuchaban las voces de las otras menores.

Con asombro vi como un grueso mecate fue bajando y bajando, muy poco a poco, desde aquellos agujeros en lo alto, a través de los cuatro metros de pared. ¡Sí, tenía que ser Augusto! Seguramente encontró una forma de sacarme de allí y nos largaríamos ese mismo día de esta isla. No, para mi sorpresa, no fue mi novio quien se asomó desde lo alto, sino los amorosos ojos de mi papá. La vida me regresó al cuerpo. Volví a ser una niña pequeña cobijada por aquel hombre fuerte, sin nada que temer bajo su protección. Mi padre, el mismo que no había estado junto a mí cuando más lo había necesitado, ni en los peores momentos de mi adolescencia, regresaba por mí como el héroe que, a pesar de sus ausencias, había sido en mi infancia... así es el amor. Muy poco me duró el consuelo. Hice un cálculo rápido y vi que algo estaba mal. Suponiendo que la idea era que yo me trepase por la cuerda, aquellas aberturas en lo alto y construidas dentro el mismo cemento de la pared, eran demasiado pequeñas como para que yo pudiese sacar ni tan siquiera una de mis manos a través de ellas. Es decir que, aunque escalase por los cuatro metros de cuerda, una vez arriba, no tendría forma de salir.

Sentí como si el mundo se me viniera encima. Entendí que aquella cuerda que se deslizaba lenta y silenciosamente hacia mí tenía otro fin. Sería el instrumento con el que daría paso a la eternidad.

Cuando la punta de la soga estuvo a mi altura, la tomé con una mano. Miré una vez más a mi papá: me sonreía desde lo alto, dándome ánimos y haciendo señas para que me apurara. Un soplo marino aireó con toques de salitre el aire en el retén de menores. Mientras me pasaba la soga alrededor del cuello, me invadió una lástima horrible por mí misma. Traté de distraerme imaginando con morbo el momento en que las celadoras me encontrasen muerta. Finalmente me armé de valor con la idea de que en unos pocos segundos todo mi sufrimiento se acabaría.

Desperté de aquella pesadilla con un grito ahogado. Seguía en la celda de seguridad, y, por la abertura donde había visto el rostro de mi padre, ahora solo se avizoraban las ramas más altas de un guatacare, mecidas a esa hora por la suave brisa del cayo.

El hálito de mar me hizo recordar cuando, unos días antes, Augusto y yo arribamos a la isla para pasar la Semana Santa. Apenas nos bajamos del ferry, una ventisca hizo que se volara mi sombrero panameño hacia el mar. Augusto me lo había comprado unas horas atrás en la tienda de *souvenirs*, así que se molestó conmigo por dejarlo caer. Quizá esa había sido una especie de señal que no vimos y que nos advertía que esos días de asueto no irían como lo esperábamos. En el momento no le di ninguna importancia a la pataleta de mi novio. Me bajé del ferry y dejé que el sol me bañase el rostro. Me sentía inmensamente feliz con aquella libertad recién encontrada. Hacía poco había cumplido los dieciocho y aquel era mi primer viaje a solas con el amor de mi vida, y quizás también el último, pues la travesía muy pronto se convertiría en mucho más que sexo, drogas y reguetón.

Encerrada y sin tener nada más que hacer sino pensar, recapitulé los hechos que me llevaron a este encierro sin ninguna certidumbre ni fecha de salida.

Anochecía cuando salimos de Caracas. Augusto manejaba su Jeep descapotado a toda velocidad y con la música al máximo, como siempre. Cuando nos detuvimos a poner gasolina, aproveché para comprar lo que me gusta llamar «mi cajita feliz»: dos polarcitas, media caja de Belmont y chicle de menta. Cuando el dependiente me pidió identificación, le estampé mi cédula de identidad con orgullo.

—Que no te engañe esta cara de pelada. Mira, aquí está, Daniela Beltrán, y tengo *fucking* dieciocho, así -que-dame- mi-vaina.

La espuma de la birra me bajó completa por la garganta, y el siguiente tramo de la vía lo hice de pie, aferrada a los tubos de la carrocería, bailando y cantando, mientras Augusto devoraba la carretera hasta Puerto La Cruz.

Llegamos a la estación del ferry de madrugada y bajamos las lonas del Jeep para dormir un rato y también para aprovechar de encaletar mejor la bolsa con la mercancía con la que pensábamos cubrir los gastos del viaje: varios pedazos de hierba y hachís de distintos tamaños, que yo misma me había encargado de separar y envolver en papel aluminio, una docena de *mollys* y doce pitillos de perico de un gramo cada uno. Nos prometimos el uno al otro (por segunda vez) que solo fumaríamos yerba y que todo lo demás sería exclusivo para la venta.

En especial, yo estaba decidida a bajar el consumo después de que tuvimos varios meses de descontrol. Claro que esto no incluía traficar, oficio en que al principio yo solo acompañaba a mi novio, por aquello de que era menos probable que lo detuvieran en una alcabala si lo veían en compañía femenina. Pronto me di cuenta de que el jibareo me podía dar mucho más que mi trabajo a medio tiempo, sacando fotocopias y vendiendo artículos de oficina, así que presenté mi renuncia en la tienda y me entregué del todo al narcomenudeo.

Augusto y yo nos volvimos los mejores en conseguir las últimas drogas de diseño, favoritas por la movida nocturna caraqueña, sin dejar de lado las tradicionales anfetaminas y la coca de alta pureza. Aunque no teníamos los mejores precios de la ciudad, nuestros clientes eran casi todos de la clase media y alta, y nos pagaban contentos con tal de no tener que meterse ellos mismos a controlar en los barrios malos de la ciudad. Al poco tiempo ya éramos un combo estrella y nos invitaban a todas las rumbas. Ahora nos había llegado el momento de expandirnos y lucrarnos como era debido, durante la Semana Santa en Margarita, cuando la isla explotaba de jóvenes estudiantes de la capital. No sospechábamos en lo más mínimo que todo aquel plan de negocios estaba a punto de volteársenos de cabeza y que pronto yo estaría lanzando mi documento de identidad a los matorrales para evitar ser arrestada.

A causa de una falla, la embarcación no salió a la hora prevista desde Puerto la Cruz. ¿Otra señal inadvertida? Quizás. Así que al mediodía seguíamos esperando en la estación del ferry, donde ya se acumulaban turistas acalorados, mercaderes que aprovechaban el retraso, y chambeadores locales contrariados que tenían que cruzar aquel tramo del mar Caribe todos los días para ir a sus trabajos. Entre puestos de empanadas y el aroma a pescado frito, nos encontramos con Javier «DelRey», un asiduo cliente de Augusto, perteneciente a una familia de nuevos ricos venezolanos, quien, con su grupito de amigos, también todos de la *high*, esperaban ser trasladados a la isla. El apodo DelRey se debía a que era hijo de los dueños de un emporio de ropa del mismo nombre, cuyas tiendas por departamentos se extendían a lo largo y ancho de todo el país. También había que reconocer que su pelo rubio ensortijado cayéndole por los hombros, los mofletes eternamente colorados y una panza abultada por el alcohol sobre la que le caían sendas guayas de oro le agregaban cierto aire de realeza.

DelRey nos contó que estaba entusiasmado por estrenar su nueva camioneta 4x4 último modelo, reforzada con todos los juguetes y lista para rustiquear por los terrenos más áridos de la isla. Y aunque el despelote del ferry le había bajado el ánimo, la fortuna había querido que se encontrase con nosotros allí, sus *dealers* de confianza. Tan contento estaba que decidió empezar la parranda allí mismo.

—¡Si la rumba no va a Mahoma, ya saben... DelRey se las trae! —vitoreó montado sobre el techo de su camioneta.

—¡Más nada, *bróder*, así se habla! —le coreó Augusto con la birra alzada.

Se encendieron los carros junto con aquel ánimo, subimos el volumen de las cornetas, y allí mismo prendimos la fiesta. En medio del calorón y del olor a fritanga del muelle, circuló el güisqui con hielo junto con otros agregados, y para cuando llegó el nuevo buque a buscarnos, DelRey ya estaba tan intoxicado y eufórico que nos invitó a mí y a Augusto a quedarnos en su casa durante la estancia en la isla.

Así fue como, en vez de llegar al hotelucho que habíamos reservado, aterrizamos en el *penthouse* de doscientos metros cuadrados, propiedad, por supuesto, de los padres de DelRey. El apartamento ocupaba el último piso completo de un edificio de los ochenta; había sido remodelado con un insólito diseño que asemejaba la forma de un gigantesco yate, por lo que daba impresión de haber encallado en la zona más privilegiada de Porlamar. Una vez adentro, la obscenidad no era menor: aquel era una especie de palacete ostentoso con estrambótico jacuzzi tropical y, eso sí, una terraza propia desde donde se coronaba la mejor vista de la isla. Ese recuerdo me ha parecido después casi surreal, en contraste con la jaula sucia y estrecha, en donde la única vista parcial que tenía era la de la rama más alta del guatacare.

Para limpiar un poco mi celda, me puse a amontonar en una esquina todas las hojas secas que se habían resbalado hasta el suelo y que nadie se había molestado en barrer seguramente en años. Ya me había leído y releído varias veces, uno por uno, los nombres y malas palabras en la pared, además de admirar y horrorizarme con los dibujitos groseros.

De entrada, había pensado que jamás caería yo en dejar allí mi huella, pero la necesidad de hacer algo, cualquier cosa, fue más fuerte; así que terminé quitándome una de mis sandalias y con la punta de la hebilla raspé mi marca en la pared: *Dani estuvo aquí.* Me miré las muñecas, envueltas en gasas que, como no me las había cambiado, comenzaban a verse mugrientas sobre las costras. Lloré calladita para que no me escucharan y seguí recordando.

Todo había sucedido muy rápido. El primer día que llegamos nos fuimos del *penthouse* directo a la playa, en donde Augusto se emborrachó. Para colmo, en el camino de regreso me hizo una escena de celos, porque, según él, me había estado riendo mucho con DelRey.

—¡Ahora resulta que mi novia le pela el diente al mariquito ese!, ¿ah? ¿O es que te palpita allá abajo porque porta las lucas?, ¿ah? —me espetó, mientras que, sin soltar el volante, me propinó un manotazo en la sien.

Esa misma noche nos fuimos a rumbear a un antro, y, para castigarme, Augusto se puso a coquetear con una modelo, una flaca rubia a la que apodaban La siete cuellos. No sé cómo me contuve de agarrar a aquella catira por el pescuezo, y, en cambio, me regresé en un taxi por mi cuenta a la casa de DelRey. Esperaba que Augusto fuera tras de mí y eso no pasó. Por el contrario, siguieron la fiesta, mientras yo estaba allí sola, sintiéndome la más miserable del mundo en medio de aquel lujo de película. Intenté cerrar los ojos, pero fue inútil, me atormentaba la imagen de lo que pudiese estar haciendo mi novio con la cuellilarga. No aguanté más. Fui hasta el bolso de Augusto y abrí el paquete de la merca. Saqué monte y un pitillo de perico y los mezclé para enrolar un «pan con queso». Fue bajo ese estado que decidí cortarme las venas.

No conseguí hojillas por ningún lado, así que no me quedó otra que echar mano de mi *Gillete Sensor for Women*. Estaba diseñada de un modo que era casi imposible cortarse, así que tuve que restregarme las muñecas con fuerza hasta romperme la primera capa de pellejo. Aquel proceso estaba siendo mucho más largo y doloroso de lo que preveía, y dado que, como tampoco era que iba yo tan en serio con eso de matarme, una vez que obtuve suficiente escándalo de sangre, solté la afeitadora y me encerré dentro del armario de la habitación. Allí me encontraría Augusto un par de horas después, semidormida y con la camisa de blanco satinado teñida de sangre. De nuevo, Augusto no tuvo la reacción que esperaba. Pasado el susto y al comprobar que yo no tenía sino sendos raspones en las muñecas, me llevó en el Jeep hasta la farmacia y allí mismo, en el estacionamiento, me vació un pote completo de alcohol sobre las heridas que me hizo ver al mismísimo diablo. Me envolvió las muñecas con vendas y después, a la fuerza, me cogió por detrás, mientras me insultaba por arruinarme de aquella manera la Semana Santa.

—Coño e' tu madre, loca, ¿qué coño de la madre es lo que te pasa, ah? ¿No te cojo rico? ¿Qué quieres?, ¿que te duela? Ven pa' que te duela, pues, no joda, yo te voy a hacer que te duela entonces.

Esa fue mi primera experiencia con el sexo anal y confieso que sentí una mezcla de placer con culpa que me gustó bastante.

Despertamos reconciliados al otro día, como si nada hubiese pasado y manejamos hacia Playa El Agua, donde, esa tarde, se iban a presentar varias bandas de *reggae* en un tributo a Bob Marley, cuando, apenas a escasos metros de la playa, en un atasco del tráfico, nos sobrevino lo inesperado. Augusto terminaba de quemar los restos de un porro y, luego de aspirar las últimas bocanadas, lo lanzó a la calle con tanta puntería que el toconcito sobrevoló hasta caer encima del capó de un Caprice vino tinto que tenía todos los vidrios oscuros y que estaba estacionado. Al momento en que el chicharrón aterrizó sobre la carrocería, fue como si un director de cine hubiese dado la voz de acción, o al menos así lo vi yo. Cuatro hombres uniformados y armados se precipitaron desde el interior del vehículo. También desde atrás, de las palmeras y otros escondites, empezaron a salir oficiales de policía, gritando quietotodoelmundo y estoesunaredadamamagüevos, mientras a punta de pistola nos ordenaban a mí y a Augusto que bajáramos del vehículo.

Augusto estaba paralizado. Se quedó sentado inmóvil, con las manos sobre el volante, hasta que lo bajaron a empujones. Yo, en cambio, tuve el mal reflejo de agarrar la mochilita con la merca y lanzarla hacia un lado de la zanja, pero el movimiento no pasó inadvertido para uno de ellos, que se abalanzó sobre mí, propinándome un cachazo en la pierna. Cuando los agentes recuperaron la mochila, el que me dio el cachazo, y que resultó ser el sargento al mando, celebró el hallazgo:

—Marditos caraqueños de mierda, es que solo vienen aquí a joder —dijo apretando los dientes.

Estoy segura de que le hubiese dado gusto golpearme de nuevo, aunque creo que mis muñecas vendadas lo pusieron nervioso. Me examinó los ojos, seguramente enrojecidos más de la cuenta por el monte y también por todo el drama de la noche anterior.

—Esta anda hasta er culo de droga, mírala ve —le dijo a su compañero.

Luego me arrastró hacia el Caprice, jalándome por un brazo, y fue allí donde aproveché y con mi mano libre me saqué la cédula (donde ya se evidenciaba que era mayor de edad) y la dejé caer con disimulo entre unos matorrales.

Una vez en la jefatura, supe que el Caprice «estacionado» pertenecía al jefe del Comando 5 de la policía neoespartana, quien estaba a cargo del «Operativo Semana Santa», una movida clandestina con la que pretendían matraquear y a la vez «limpiar» la isla de la «escoria» que le llegaba todos los años de la capital. Como Augusto tenía veinticuatro años, lo trasladaron de inmediato. En mi caso, me creyeron la mentira de que era menor de edad y, por tanto, me dijeron que debía esperar a que alguien del departamento de delincuencia juvenil viniese por mí. Un par de horas después llegaron a recogerme en un camión-jaula. Me sentaron atrás, en la cabina, que iba vacía, y nos pusimos en marcha, sin yo saber exactamente a dónde me estaban llevando y sin dar crédito aún a todo lo ocurrido. A mis oídos llegó la música del concierto de *reggae* en la playa que ya estaba empezando. Me asomé por las pequeñas rejillas para mirar todo el traslado e intentar memorizar lugares específicos, en caso de que algo pasara o que tuviera que volver a solas por mi cuenta. Rodamos por más de una hora a través de caminos que a ratos se hacían sinuosos y llenos de baches, alternando entre el pavimento y la tierra. Atravesamos comunidades rurales improvisadas a cada lado de la vía, hasta que nos alejamos por completo de la zona turística. Desde las pequeñas rendijas del camión-jaula vi desaparecer por completo la isla tal y como yo la conocía, para dar paso a un paisaje cada vez más anaranjado, desértico y solitario.

Cuando me hicieron bajar en el Centro de Detención Juvenil Los Cocos, lo primero que vi fue un montón de manos y brazos morenos que se asomaron saludando y haciendo señas por unos huecos en la pared de lo que supuse era el patio. Decenas de menores privadas de libertad se agolpaban emocionadas para no perderse la novedad del día.

—¡Llegó la nueva! —voceó una de ellas.

—¡Mírala pues, pero si se parece a una *Barbi!* —se entusiasmó otra.

—¡Ay menor, te vamos a matar! —dijo una más, seguida por un coro de carcajadas.

La excitación de las presas fue en tal aumento que las guardias tuvieron que mandarlas a callar. Mientras me cambiaba de ropa, noté el gesto de la custodia que me vigilaba. Movía la cabeza de un lado a otro, tal vez preocupada, presintiendo los problemas que yo le iba a traer. Ciertamente que, en Los Coquitos, como supe que le llamaban a aquel retén femenino de menores, al parecer no tenían detenida a ninguna otra niñita marihuanera de la capital. La mayoría allí eran morenas, fortachonas, unas muy grandes, otras rechonchas, y todas provenientes de bajos estratos. Mi pinta de sifrinita mosquita muerta, que tantas otras veces me había salvado de ser arrestada, no me ayudaría en aquel lugar. Cargaba unos pantaloncitos cortos playeros que dejaban al descubierto mis piernas, un poco largas, pero bien formadas, que terminaban en sendas caderas de guitarra y buen trasero. Y ni qué decir de mi pelo largo hasta la cintura, con las puntas decoloradas en color rosado y algunas trencitas que me había hecho tejer en la playa, y por las que había pagado un ojo de la cara. Además, estaba aquel detalle perturbador de mis vendas en ambas muñecas, ya manchadas y tiesas de sangre seca. Así que, según y que por mi propia seguridad, la celadora decidió que yo pasaría la noche en «El hoyo», una celda mínima de seguridad para presas peligrosas, que también servía de lugar de castigo. Luego dijo que ya cuando llegara la encargada al día siguiente decidirían qué hacer conmigo.

El hecho de que me metieran allí no pasó desapercibido por las otras menores. Muertas de curiosidad, se acercaron lo más que pudieron a la pared de la celda contigua para interrogarme. Querían saber quién era y por qué había terminado allí. Se me hizo muy fácil improvisar y les inventé una historia de una supuesta guerra entre narcos y varios kilos de droga pertenecientes a un peligroso cartel; les conté además que en cualquier momento enviarían a alguien para sacarme de allí. Las jóvenes isleñas parecían dudar un poco, pero al menos la estrategia me sirvió para que me dejaran tranquila por el momento.

Después de rechazar unas sardinas horrendas que me trajeron de cena, pasé la noche, la más larga de mi vida, entre dormida y despierta, recapitulando lo que había vivido hasta entonces, soñando de a ratos con una soga, con el suicidio, con la muerte, con Augusto y con mi papá. Una noche que pensé sería eterna, e incluso llegué a creer que mi vida se terminaría allí. Finalmente llegó la mañana, no del todo luminosa, no del todo deseable, pero allí estaba.

Cuando la celadora regresó, alrededor de las nueve, sí que estaba hambrienta; así que no le puse peros al desayuno, a pesar de lo repugnante que parecía. No me dieron cubiertos, así que tuve que pegar la boca del tazón barato de plástico, poroso de tan viejo, para tragarme una avena aguada e insípida, y también me devoré una arepa flaca, agrietada por lo seca, rellena con trozos de sardina, probablemente reciclados de los que había devuelto en la cena. Luego llegó el turno de asearse y me fueron a buscar.

Me chocaron las rodillas al sentir las miradas apremiantes de las reclusas, mientras yo cruzaba, custodiada, por el patio del retén. La guardia me entregó un bote grande y vacío, de esos de pintura, para que yo lo llenara con el agua de un chorro ubicado al otro extremo del patio, y desde allí debía cargarlo de regreso hasta la zona de las duchas. Era tanto mi terror de que me vieran débil, que con una fuerza inesperada hasta para mí misma, y a pesar de las heridas en las muñecas, levanté el pesado tobo lleno de agua con una sola mano y así lo llevé cargando de vuelta a través del patio.

No pasó mucho más tiempo hasta que las autoridades del centro de menores dieron con mis verdaderos datos y, por supuesto, con mi mayoría de edad. El mismo camión-jaula fue a buscarme y emprendimos el mismo camino de regreso. El paisaje desértico volvió a llenarse de palmeras y música del festival, hasta que me depositaron de nuevo en la jefatura desde donde me habían trasladado.

Afuera, el comando estaba desolado y empezaba a golpear con fuerza el sol del mediodía;

adentro estaba el jefe del comando, acompañado solamente por un policía muy joven, al que yo no había visto antes. El novato, que presumía un mostacho indeciso, seguramente intentando verse mayor, no hacía más que comerme con la mirada. Cuando el comandante salió a atender una llamada privada, se me acercó.

—Daniela, Daniela, ¿tú viste como eran esas menores de Los Coquitos? —me emboscó el bigotito.

Yo le asentí con un gesto.

—Bueno, pues, imagínate entonces lo que te espera cuando llegues a Los Cocos, la cárcel de las mujeres —y agregó con tono protector—: Allí sí que no aguantas ni un día, mi reina.

Me quedé desorientada y sin saber qué responder. Luego me soltó sin más:

—¿Por qué no te vienes pa mi casa, ah? —me picó el ojo y luego se agarró unos cuantos pelos del mostachito— Yo tengo un colchoncito allí pa ti... —Sin esperar, soltando el anzuelo completo, me lanzó—: Si quieres yo te puedo llevar pa mi casa, cuando te trasladen.

Un horror mudo me bloqueó cualquier intento de respuesta. Por suerte, en ese instante regresó su jefe y el mostacho se apartó. Por su gesto y por la cara enrojecida del comandante, supuse que aquella llamada que había salido a atender no había ido bien. Se dejó caer en su silla tras el escritorio y desde allí me lanzó una mirada colérica, seguida de un resoplido de frustración.

Pasaron varios minutos, hasta que el teléfono del comando empezó a sonar. La primera vez el comandante no lo contestó. Lo dejó repicar mientras mascullaba entre dientes y se hacía el que revisaba papeles. A la tercera se rindió y levantó la bocina, como sabiendo ya lo que iba a oír. Escuchó breve y luego de asentir con un «Entendido, señor», trancó la llamada de un solo golpe.

—Mira... Daniela Beltrán —me dijo, entre amenazante y harto—. ¿Por qué no vas a ver si tus amigos están en la playa?

Confundida ante la ambigüedad de aquella pregunta, no me moví.

—¡Que arranques de aquí, carajita!, ¡cuento tres y no te veo en mi comando! —me espetó, sin poder contener más su rabia y ante la mirada atónita del mostachito.

El sol en su punto más alto reflejaba una línea de luz vertical. Deslumbrada, aún sin poder ver bien, corro hacia la playa. Avancé lo más rápido que pude hacia la franja de arena, que a lo lejos se veía muy blanca y resplandeciente, mas, a la vez sentía como si no avanzara, o como si me moviese en una cámara lenta. Temí voltear y encontrarme con otra patrulla o con el policía joven y sádico tras de mí. Me quité las sandalias para aligerar el paso. Los pies se me quemaron al hacer contacto con el asfalto hirviendo. No me importó. Al pisar la orilla, me reconforté con la humedad y miré a todos lados, buscando sin éxito alguna cara conocida entre la multitud de jóvenes que se divertían a lo grande en esa Semana Santa. Nadie allí tenía idea de todo lo que yo acababa de vivir en las últimas horas. Entonces, bajo el aire tembloroso por el espejismo del calor, vi derrapar en la curva la camioneta de DelRey.

Camino al *penthouse* me contó que había sido él, o, mejor dicho, sus padres, quienes movieron sus influencias para sacarme. También me dijo que, con Augusto, debido a sus antecedentes, no habían corrido con la misma suerte.

Al llegar me bañé por horas, y estuve aspirando como una demente el olor del jabón. Luego me metí también por horas en el *jacuzzi*, y antes de caer rendida en la cama lloré de gratitud abrazando las almohadas suaves enfundadas en seda.

Al otro día me puse en marcha. DelRey me ayudó a vender la poca merca que se había quedado en su casa, y luego me llevó a ver a Augusto, quien estaba detenido en un reclusorio temporal al otro lado de la isla. Supuestamente desde allí lo trasladarían de nuevo hacia otro centro. El oficial que nos autorizó la visita se puso muy capcioso con mi presencia y me interrogó, sin ocultar su recelo al ver que ya estaba libre.

—En el reporte de la redada dice que a usted la detuvieron y que portaba una carga de marihuana. Y en esos casos la ley dice que son dieciséis días mínimo. Ocho días por averiguaciones y ocho por tribunales. Véngase por aquí mañana, como a esta misma hora, solo para que nos dé unas declaraciones.

Yo sabía que no había sido solo marihuana con lo que me agarraron, así que ese reporte solo podía significar una cosa: en el famoso Comando número cinco de Playa El Agua se habían quedado con el resto, es decir, la coca, las *mollys* y las anfetas. Supuse lo que me podía pasar si abría la boca, así que me callé y le mentí asegurándole que regresaría al día siguiente.

Augusto me dio un abrazo fuerte, y tuve que aguantar el aire por unos segundos, debido al hedor. Un tufo pegajoso de ropa sucia y de dormir en el suelo, un sudor de muchos hombres hacinados que llevaban días sin saber lo que era un baño, y que evidenciaba que el encierro que él estaba viviendo era mucho peor que mi breve estancia en Los Coquitos. Aun así, no lo sentí preocupado. Me dijo que ya tenía a su gente moviéndose para que lo trasladaran a Caracas lo más rápido posible y tal vez de allí salir del país. Más bien podría decirse que estaba hasta emocionado, porque allí, dentro de la cárcel, había conocido a un viejo con pasaporte europeo que nos estaba ofreciendo, para cuando saliera, una flecha de cincuenta mil dólares por viajar a Italia, como si fuésemos una feliz pareja, con una carguita de comprimidos con fentanyl en el interior de las suelas de unas botas Timberland, que debíamos llevar puestas y que, según aquel viejo, eran un escondite casi imposible de detectar.

—Pero hacemos lo que tú digas, *baby* —me aseguró —. Si dices que no, es no, y lo dejamos así, borrado y no se habla más del tema. Piénsalo, porque son cincuenta mil de los verdes. Al menos dale un poco de cabeza, mi reina, ¿sí?

En ese momento tuve la certeza de que Augusto nunca cambiaría y que lo mejor era buscarme una puerta de salida antes de que fuese tarde.

Sentada junto a DelRey en el avión, ya a punto de despegar, me agacho para amarrarme bien las trenzas de mis botas nuevas. Mientras les hago un doble nudo, recuerdo los mecates de aquel sueño que tuve esa noche en la celda. Me hago la señal de la cruz y juro mentalmente no regresar nunca más a aquella maldita isla de mierda.

LAMPARITA

Por una ranura entreabierta, observaba cada movimiento.

—Dubirín, dubirín, dubirín... —repetía bajito y como un mantra las palabras que le había enseñado su madre para cuando tuviese miedo. Y así, todavía diciéndolas, se dio vuelta y corrió a la cama de sus padres.

Ya entre ellos, aún aterrado, les suplicó que dejaran la luz de su lamparita, que era más seguro, que así se espantaba el niño que vivía al otro lado del armario.

AVE DE ALAMBRE

1

Mientras Ryuk siga siendo cómo es, será inmortal.
Death Note

Ya es casi mediodía y debo llevar unas doce horas pegado a la computadora. Para los que sean nuevos en la Plataforma, les bastará con saber que me llamo Aldo Pereira, estoy por cumplir los dieciocho y he decidido regresar a jugar.

Los de la vieja guardia en cambio recordarán que hace dos años estuve posicionado entre los cien mejores del mundo. He vuelto al ruedo, pero, aunque anoche estaba resuelto a recuperar mi lugar en la liga, les confieso que ya no estoy tan seguro de poder lograrlo. Me arden mucho los ojos y también me están empezando a pinchar las tripas por el hambre. Tal vez es por mi edad, o la vista que me está saboteando; lo cierto es que no he podido ganar ni una sola vez. Para colmo, la competencia fuerte ya no son solo los coreanos, sino también niños. Niños pequeños de todas partes del mundo. Los muy malditos me superan en velocidad de reacción. Y claro, como no hacen más nada que jugar todo el día, están entrenadísimos. La culpa es toda mía. Nunca debí renunciar cuando las cosas se pusieron duras en la Plataforma.

Muerto una vez más. Creo que ya tiene suficiente humillación por hoy. Él y yo ya somos uno. Veo como Aldo se desnuda y se tumba en el suelo boca arriba. Me imagino que su alfombra está mucho más calentita y más cómoda que su colchón, que tiene un hundido en todo el medio. Se ha estirado mucho, aunque su cama sigue siendo la misma que ha tenido desde niño. Intenta dormirse, pero no logra cerrar los ojos por más de unos segundos. Aunque tampoco está despierto del todo. Eso le pasa por tomar tanto Red Bull para jugar. Se concentra en mí, en el techo, en mi mancha de humedad que cada día se vuelve más grande y oscura, y que tiene una forma como de ángel o más bien de un demonio alado, porque donde vendría teniendo la boca se está pareciendo cada día más a una serpiente que saca su lengua bífida color café. Bajo la superficie de su mente, nublada y lenta por el peso del sueño, corren agitados los pensamientos, empujándose unos a otros como el agua de la playa revuelta con arena y piedras bajo la resaca.

En este estado a los dos nos gusta observar este cuarto como si lo viéramos por primera vez. Lo hacemos a menudo y, sobre todo, con el fin de calcular cómo se vería desde el punto de vista de un Shinigami o dios de la muerte, en caso de que viniese a buscar a Aldo en ese preciso instante. Allí está el equipo de gamer que el mismo armó: la webcam para strimear y los altavoces, modelos viejos pero potentes. Más allá la telaraña en mi esquina, a la que nunca le han podido descubrir a su tejedora. Nos agrada comprobar que todo sigue en su lugar. Incluso los envoltorios vacíos de comida, servilletas arrugadas hechas bolitas y hasta algunos restos de pollo braseado. Su mamá ha desistido de entrar a limpiar, convencida, con toda propiedad, de sus enojos cuando le mueve las cosas. Ya tiene bastante de eso y de las que se armaron cuando le llegó a botar algo. Lo único para lo que aún entra es para llevarse el cesto de basura, maldiciendo, porque Aldo lo usa también para hacer sus necesidades cuando le entran ganas en medio de una partida. Ella no entiende que cualquier pausa, por mínima que sea, le puede afectar el rendimiento. Si le sigue dando problema con eso, tal vez tenga que hacer como algunos de los jugadores chinos que se ponen pañales para no tener que levantarse nunca. Por suerte la suciedad no es algo que vaya a molestarle al dios de la muerte.

Más importante que el tema del sucio, y algo que sí me da mucha ansiedad, es que se fije en otras de mis cosas y que le dé por burlarse. Por eso observo mi cuarto una y otra vez para asegurarme de que esté bien. Y no es que me importen mucho as burlas, ya estoy más que acostumbrado en la escuela, pero a un Shinigami debo impresionarlo si quiero que me dé la oportunidad de por lo menos presentarle mi propuesta de negocios, la idea que he diseñado y planeado por tanto tiempo. Tal vez a ustedes por aquí en la Plataforma también se las comparta cuando esté listo para ese momento. Al menos ninguno de ustedes me juzga, o, si lo hacen, igual no van a salir corriendo, como mi mamá, a buscarme otro doctor que me revise la cabeza. Ustedes, mis queridos desconocidos, guardarán mi secreto hasta que yo aparezca en todos los diarios. Cuando esté cerca ese día, les diré todo; por ahora solo confórmense con este adelanto. ¿Hay alguno de ustedes que no sepa quién es o qué hace un Shinigami? No lo creo posible; no obstante, por si acaso, esto es todo lo que deben saber: un Shinigami o dios de la muerte tiene como principal misión coleccionar almas, pues, con el fin de extender la suya propia, necesita acortar las vidas de seres humanos. Por ejemplo, un hombre que supuestamente viviría hasta los setenta es asesinado por uno de ellos a los cincuenta, con lo que el Shinigami estaría agregando veinte años extras.

Aniquilar a las personas no es el problema, donde la tienen difícil es en que esta alma no puede ser la de cualquier humano, así al azar, sino que su nombre ya debe venir escrito en una lista previa que está toda llena de reglas engorrosas y también de muchos riesgos para el mismo Shinigami. Por lo tanto, esta tarea puede tomarles siglos y, en muchos casos, el tiempo se les agota, lo que causa su extinción prematura. De esas dificultades me surgió la idea de volverme un aliado, ya que, con mi ayuda, un dios de la muerte podría extender su vida indefinidamente y de forma muy sencilla, incluso en un solo día. Por eso es tan importante que le cause una buena impresión de entrada, debido a que, si acaso, tendré apenas unos segundos para explicarle mis planes, antes de que acabe conmigo (si se llega a presentar, es porque estoy en lista, claro). Por eso me dedico a hacer este recorrido visual en el que hoy ustedes me acompañan.

Arriba de mi cama está lo mejor de mi cuarto. Espero que el Shinigami fije su atención allí de entrada: dos repisas de madera repletas de mis figuras de *mangas*, con Tanjiro, el cazador de demonios, en todo el centro, empuñando una réplica de su espada, fabricada con acero al carbono. Tanjiro no solo es mi favorito por sus habilidades, sino porque también se parece un poco a mí. Aunque yo no sea para nada atlético ni bronceado como él, los dos llevamos el pelo erizado y peinado todo hacia atrás, y cuando me da el sol también se me ven unos cuantos mechones rojizos como los de él. En lo que más nos parecemos es en la cicatriz de la frente. La de él es plana y triangular, como una llama de fuego pequeñita; la mía es ondulada, como un gusano en relieve que me baja por la frente, y atraviesa una de mis cejas, donde tengo un espacio blanco y sin pelos. Mi mamá, cuando está tomada, me la mira, empieza a llorar y a lamentarse. No me cree cuando le digo que realmente me gusta cómo se me ve. Piensa que se lo digo para que se sienta menos culpable. Tampoco fue todo responsabilidad de ella, sino de ese montón de pastillas que le recetaban y que por momentos la dejaban tan atontada que se le caía lo que tuviese en las manos: llaves, botellas, copas, cigarrillos encendidos, algún hijo pequeño... Pero no me importa, gracias a esa marca no solo me parezco más a Tanjiro, sino que le doy miedo a algunos en la escuela, cosa —más o menos— conveniente a la hora de enfrentarme con algún *bully*. En fin, a un dios de la muerte debería gustarle mi aspecto raro, al menos eso espero yo.

* * *

—¿Te imaginaste al menos que podría llegar a hacer algo tan grave?
—No. ¿Cómo podría yo haber imaginado lo que planeaba?

—¿Nunca en todos estos años de conocerlo dijo algo que te pareciese sospechoso?
—Para nada. Por el contrario, hace rato que había dejado de hablarme, no solo a mí sino a casi todos los del salón. En parte hasta me pareció mejor, porque mientras menos hablase, menos lo molestaban. Ahora que lo pienso, quizás debió parecernos sospechoso su silencio.

2

Baby, angels like you can't fly down hell with me...
Miley Cyrus

Me pasé horas viendo un montón de *hentais*, tal y como me aconsejaron ustedes en el foro para cuando no pudiese dormir. *El mete y saca*, *Consultorio escolar*, *Maratón de la violencia*, todas demasiado *gore* como para hacerse una paja hiperactiva a plena luz del día. Luego Miley apareció flotando desde mi *playlist* oculto, y se puso a cantar mientras volaba desnuda por todo mi cuarto. Por momentos pareció detenerse repitiendo una y otra vez la misma estrofa; así y todo, no dejé de masturbarme para no perder la concentración. Con eso y todo, de nada sirvió. No lo logré. Quizás tanta bebida energética me está jodiendo la erección también.

«¡Levántate de una vez, busca oficio, coño!» Es curioso el efecto que me hace la voz de mi mamá dependiendo de cómo y cuándo la oiga. Si la escucho en persona, cualquier cosa que diga tiene muy poco poder sobre mí. En cambio, cuando su voz emerge desde adentro de mi cabeza como ahora, se queda allí resonando como el eco en un pozo vacío, dominándome por completo hasta que haga algo. Tal vez conseguir un trabajo no sea tan mala idea. Si me ve que ando ocupado, al menos le bajará dos rayitas a la preguntadera y yo estaré distraído, sin tiempos muertos para estar pensando en mis sueños frustrados de *gamer*, ni en Miley, ni mucho menos en Rita, mi vecina y novia de la infancia con la que ya ni siquiera me hablo. Las horas libres que me queden las ocuparé en repasar cada paso de la operación; primero, el discurso que le daré al dios de la muerte, que debe ser rápido y conciso; luego, un ensayo y, por último, el momento de la prueba final.

Estaba revisando las ofertas de empleo, cuando el sonido de la puerta me desenfocó de nuevo. De inmediato me puse en modo *bleach* y pude ver a través de las paredes a mi mamá, entrando a la casa con el carrito de la compra lleno de bolsas y el mismo aire ausente de costumbre. Me sorprendí por primera vez al notarla tan anciana. Demasiado mayor para tener un hijo de mi edad. O tal vez sea debido a esa fatiga persistente que carga como si hubiese nacido cansada. Mira hacia mi cuarto, pero solo alcanza a ver su reflejo en el espejo que está al final del pasillo. Después de tan mala noche de insomnio, lo último que yo quería era escuchar sus quejas, así que me pegué lo más que pude a la pared, y me quedé allí aspirando el olor a friso, lo más quietecito posible para evitar que advirtiese mi presencia. Luego ella sacó un paquete de alpiste de una de las bolsas de la compra y se fue arrastrando los pies hasta el ventanal de la sala, en donde está Arlequín, nuestro canario, en su jaula.

—Tich, tich, tich... Arlequín, Arlequín.

Últimamente ha cogido la costumbre de hablarle, según y que para motivarlo a que vuelva a cantar. Pero qué va, hace mucho tiempo que Arlequín se quedó mudo. No recuerdo cuándo fue la última vez que se le escuchó un sonido. Aproveché que madre se alejó para cambiar de posición pero, como estaba con los reflejos trasnochados, me olvidé de que estaba pegado a la pared y al girarme le di un cabezazo a la repisa que hay sobre mi cama. Varias de mis figuras se cayeron al piso e hicieron estruendo. Enseguida ella pegó una carrerita hasta mi puerta. Maldita sea, porque mi mamá, a pesar de que no sabe cómo ponerse en modo *bleach*, sí que puede escucharlo todo —y muy bien— a través de las paredes. En especial pareciese como si tuviera un radar para detectar la música de mi videojuego, así esté sonando bajísima o que salga apenas desde mis audífonos, como ahora.

—¿Aldo?

Miley me mira en silencio desde su esquina en el techo, y yo le hago señas desde mi rincón, para que no fuese a ponerse a cantar en ese momento, porque ahí sí que ponemos la gran torta. Así que se queda quietecita y muda como el Arlequín. A este punto, es obvio que mi mamá sabe que estoy aquí, pero mejor si piensa que estoy durmiendo.

Pega más el oído a la puerta.

—¿Aldo, estás allí? —dice y observo como una de esas venitas verdes y delgadas que le atraviesan la sien comienza a engrosarse de a poco. Insiste una vez más:

—Hijo, sé que eres tú.

Quería cerrar los ojos, apartar la mirada de esa serpiente verdosa brotada en su sien casi por completo, pero me hipnotizaba aquel rítmico sube y baja cada vez más violento que le latía bajo la piel delgada y transparente. Me llamó otro par de veces antes de darse media vuelta por el pasillo y meterse en el cuartico de la costura. Respiré de nuevo y Miley también. Del susto creo que liberé lo que me quedaba de taurina y de cafeína en la sangre, porque enseguida sentí un gran peso en los párpados y me dejé caer lentamente en los niveles del sueño.

* * *

—*También le decían cosas sobre su ropa, porque era su mamá la que se la cosía.*

—*Víctima de* bullying *y con una madre adicta. ¿Crees que esa fue la causa?*

—*No sabría decirte. Sí lo* bulleaban *desde siempre. Le decían insultos por cualquier comentario que dijera, así fuese una pregunta sobre la clase. Ya era como una costumbre incluso para él, porque muchas veces decía cosas a propósito, antes de que dejara de hablarles a todos.*

3

¡Si quieres venganza, hazlo por tu cuenta!
¡No atraigas a gente inocente!
Bleach

Meditaba en lo que pasaría si un dios de la muerte no solo me perdonase la vida, sino que además me transfiriese sus poderes, cuando de pronto escuché que mi mamá le echaba llave al cajón de las pastillas. De pequeño me gustaba mirar cómo las sacaba de sus frascos y las iba poniendo sobre la mesa, en una bonita fila de colores. Luego, con el borde de un vaso, yo la ayudaba a picar algunas por la mitad. Ahora solo espero que no se dé cuenta de que las que le faltan, se las agarré, porque, si pasaba otro día más sin dormir, iba yo a enloquecer. Las otras pastillas, las que me recetaron, me ponen más bien eléctrico, aunque no fue por eso que las dejé de tomar ya hace tiempo. Sin duda, me controlaban las visiones pero los efectos secundarios eran atroces. Sentía todo el cuerpo hecho papilla, vivía estreñido y me puse más gordo que nunca. Ni mi mamá ni nadie saben que las dejé. No me atrevo a botarlas a la basura, sino que las escondo en el hueco detrás de los tomacorrientes en mi cuarto.

Afuera se escucha el zumbido de la moto. Me agacho para caminar en cuatro patas hasta la ventana, desde donde puedo espiar a Rita, mi novia de la infancia, llegando con su novio de ahora. Se besuquean despidiéndose y puedo ver cómo él la arrima contra su cuerpo con urgencia. Muero de celos y de asco. Por suerte, Rita parece más interesada en acariciar a Zeus, la bestia de pitbull que tiene por mascota. Siempre me disgusta un poco ver a un animal de porte tan fiero contorsionarse de aquel modo, moviendo un rabito ridículo, pero es cien veces mejor que verla a ella restregarse con el tipejo este. El muy birriondo insiste. La toma por la cintura, cada vez con más fuerza, y la frota contra sus pantalones como un poseído, hasta que logra que la muy sinvergüenza se olvide del perro, que se les queda viendo y gimiendo de celos. *Novio uno - Perro cero - Aldo menos menos cero*. A pesar del desagrado, noto que mi cuerpo responde al estímulo visual. También me hace recordar la noche en que, agazapado entre las sombras del pasillo, espié a mi mamá con su novio en la sala. Él sentado con los pantalones abajo y mi mamá de rodillas. Yo tenía unos seis o siete años y aquella pose me pareció tan confusa y repugnante, que me puse enfermo del estómago por varios días. Ver a Rita con su novio me hace sentir excitado y revuelto también.

Me pongo de pie frente a la ventana y en ese momento Rita me ve, pega un brinco, asustada, y alerta al imbécil. No me importa lo que ellos piensen, aunque igual me aparto y bajo la persiana. No pude terminar, lo bueno es que el tipo tampoco. Maldita sea que ahora me estoy sintiendo triste. Me dejo abrazar por el colchón hundido, mientras veo en mi celular las fotos que le tomé a Rita a escondidas, en la escuela. En todas me pasa por un lado, indiferente, como si yo fuese un pupitre vacío. A excepción de la última, en la que el flash me delató. Hasta enojada y sacándome el dedo del medio sale bonita la desgraciada. Si un dios de la muerte me transfiriese a mí sus poderes, yo podría salvarla de los espíritus devoradores de almas. También podría curar a mi mamá, y quien sabe si hasta salvar a alguno que otro allá afuera. Tendría que elegir muy bien a quién, porque de mis antiguos amigos de la escuela ya no me hablo con ninguno. Bueno, a ustedes los de la Plataforma, no los conozco personalmente, ni siquiera sé sus verdaderos nombres, pero aun así siento su existencia mucho más real que todo lo que me rodea.

Solo a Rita la salvaría sin dudar. A pesar de que se haya vuelto la más odiosa del mundo conmigo y que no le importe que hayamos sido novios en la primaria. Ya estoy empezando a dudar de que el dios de la muerte se me pueda aparecer. ¿Por cuál razón le daría poderes a un perdedor como yo? Tal vez deba hacer algo más. Parecerme a Ichigo no es suficiente.

* * *

—*¿Pero entonces sí fueron amigos?*

—*Sí, de pequeños. Jugábamos Xbox y cosas así. Recuerdo muchas veces que en medio del juego empezaba a pelearse con la mamá. Ella llegaba del trabajo y le reclamaba que no había hecho las tareas de la escuela y cosas así. Él le contestaba, a veces con insultos. También recuerdo que hubo un hombre en la casa por un tiempo, pero no sabría decir si era su papá o una pareja de la madre.*

—*¿Y ella?*

—A veces era afectuosa conmigo, todavía lo es. En otras ocasiones se comporta distante, incluso un poco amenazante. Pero me siento mal por ella.

—¿Mal por qué? Tú nunca la acosaste.

—No sé. Por lo que le tocó. Por alejarme y no poder no verla ya con los mismos ojos.

4

> *When everything's shining*
> *Your darkness is shining*
> *My darkness is shining*
> *Have faith in ourselves*
> Alex Ebert

Dejé la ventana para irme a engominar el cabello y vestirme decente. Hoy tengo mi primera entrevista de trabajo. Los pantalones de vestir me quedaban pequeños, así que mi mamá les bajó el ruedo. En cambio, a la camisa con mangas largas, heredada de uno de sus ex, tuvo que recogerle. No me la pongo, sino que me la amarro al cuello para no arrugarla y salgo rampando de mi cuarto. Acostado en el suelo y con la barriga pegada contra las losas que se sienten agradablemente frías, apoyo los codos y avanzo serpenteando por el pasillo, tal como si fuese un comando y estuviera realizando una operación militar. Al llegar a la cocina, asomo la cabeza y desde allí veo a mi mamá que está de pie frente a la hornilla, revolviendo un caldo de granos que desprende un repugnante aroma por toda la casa. Los va meneando con lentitud, mientras mira al vacío, con esa expresión de Buda que le provocan las pastillas. Las llaves están sobre el mesón, así que me escabullo lo mejor que puedo para evitar ser visto. *Mission failed.* Mamá me está mirando desde arriba y blande el cucharón de sopa, como si fuese la misma espada de Tanjiro. Quiere gritarme, aunque algo la contiene, así que me interroga como si nada hubiese pasado:

—¿Vas a ir a la entrevista?

Paralizado como estoy, le contesto mentalmente, o tal vez ella se contesta sola.

—Ponte las pilas, porque ya vas para los dieciocho, y, si no vas a seguir estudiando, al menos encuentra algo que hacer. ¿Pensaste en llamar a tu primo a ver si te recomienda? Ya está fijo en esa empresa en la que estaba de pasante, y a partir de ahora va a tener beneficios, seguro médico y todo eso. ¿Le escribiste al menos?

La dejo que siga hablándole a la nada, porque esta vez sí que no voy a contestar, ni tan siquiera mentalmente. Me da igual, que piense lo que quiera. Primero, porque no tiene ni idea de mis planes y, segundo, porque tampoco tiene idea de la clase de persona que es mi primo. O que era; tal vez solo conmigo, no lo sé. La miro mover la boca, mientras voy concentrando toda la energía que puedo en mis extremidades. Ya se dio cuenta de que no la escucho, así se da media vuelta para seguir revolviendo el caldo hediondo. Yo aprieto los puños y, como si de pronto supiera mis intenciones, se voltea para lanzarme una última estocada.

—Acuérdate, hijo...

Yo ya estoy en cuclillas, energizando cada tendón con pequeños movimientos imperceptibles.

—Que algún día me voy a morir...

En sus marcas...

—...y antes que eso pase...

Listos...

—...quisiera verte establecido...

¡Fueeraaaaa!

Doy un doble salto largo de langosta acompañado de uno de mis mejores gritos de guerra, con lo que le pego un susto tan grande que se le cae el cucharón. Aguanto la respiración y zigzagueo por el suelo salpicado de los granos asquerosos, hasta que me apodero de las llaves. Ahora sí que mi mamá se me viene encima con una cara de querer matarme o, mínimo, de partirme el cucharón en la cabeza. Por suerte, yo soy mucho más rápido y ruedo con una vuelta de carnero que me lleva hasta la puerta de la casa. Desde allí le lanzo un último grito, corto, pero mucho más agudo, y salgo de casa como alma que lleva el diablo.

5

Como salí tan apurado, me olvidé de que Rita seguía allí afuera, escoltada por su novio y la pequeña bestia, que me ve y alza las mandíbulas en mi dirección. Me pongo rápido la camisa que llevaba al cuello y me convierto en modo *Call of Duty*, para alejarme más rápido de ellos; aun así, los escucho reírse. Me siento tentado a devolverme y moler al novio a golpes. No entiendo cómo Rita le permite que se burle de nosotros. Al cruzar la esquina veo que en la parada ya está el bus, así que me olvido de ellos por ahora y doy una carrerita para alcanzarlo antes que se vaya. Me sorprendo al subir y ver que está vacío. Sigo hasta el final para sentarme en uno de los últimos puestos y por poco me caigo cuando el chófer se pone en marcha bruscamente, casi como si hubiese estado impaciente esperando solo por mí para arrancar. El tipo es un grandulón, apenas si cabe en el espacio del conductor. A pesar del calor lleva una boina que le cubre la semicalva, que termina sobre la nuca en tres rollitos de carne sudorosos. Un ventiladorcito conectado al tablero esparce un mínimo de brisa caliente sobre su cuerpo de gigante. Me parece que de vez en cuando me mira por el retrovisor con aire desconfiado. Abro la ventanilla para distraerme; por un buen trecho no se ve un alma bajo aquella resolana de calor pastoso del mediodía.

Finalmente hacemos una parada en la se suben dos hombrecitos, igual de cortos y canosos, van vestidos de traje a pesar del calorón; parecen hermanos o quizás es solo que los dos son viejos. El chófer no termina de arrancar y los dos hombrecitos miran hacia afuera con muecas de disgusto. Por la ventanilla descubro la causa del retraso: una mujer, de unos cincuenta, toda grande ella, a excepción del minúsculo vestido floreado que le aprieta sus carnes abundantes y morenas. No está permitido subir comiendo, así que sostiene un gran pedazo de sandía que devora a mordiscos. Nunca he visto atragantarse a nadie de esa forma y menos a una mujer. A cada parte que le clava el diente le chorrean babas rosadas de jugo de sandía, que se deslizan por su cuello y se pierden entre las tetas gigantes y sudorosas. Me hundo en el teléfono para no mirarla más. El algoritmo me sugiere el video de un guepardo que está agazapado y fundido con el paisaje, mientras acecha a unas gacelas que beben agua de un encharcado, hasta que de pronto se lanza en persecución. Una de ellas en especial parece saber su suerte, porque da unos brinquitos desesperados y sin rumbo. La bestia derrapa y se detiene de nuevo por un instante, antes de abalanzarse y derribarla de un solo zarpazo, en una de sus patas traseras. Ahora la presa se entrega sin oponer resistencia, y el felino le clava casi piadosamente los colmillos en el cuello para cortarle la respiración, antes de arrastrarla ya inerte hacia la sombra de unos matorrales.

Recuerdo las conversaciones sobre esos temas con Rita, que terminaban invariablemente en una discusión. Fumábamos yerba y nos poníamos a ver National Geographic y luego ella terminaba enojada, porque yo le decías cosas más o menos por este estilo:

—¡Así es la ley de la naturaleza! Es cruel, pero los humanos estamos peor que ellos, sin contar con ningún método para depurar la especie. La sobrepoblación afectará a todo el planeta. Ya está más que comprobado que no existen suficientes recursos para tanta gente.

Luego de echarme de su casa, me quitaba la palabra por unos días, hasta que se le pasaba el enojo y volvía buscarme para fumar.

La mujer come-sandía ya terminó su festín y se sube al bus. Me ve mientras busca asiento y yo desvío la mirada de nuevo a mi teléfono, pero este ya no está. En su lugar, sostengo un semiautomático con culata de madera.

¡Apunten!

A ver, primero me voy sobre la mujer come-sandía.

Tetas, estómago, muslos.

La sangre se mezcla con el jugo de sandía. Hay cáscaras explotadas y semillas regadas por todas partes. Sorpresivamente, los dos hombrecitos canosos me aprueban con la cabeza, aunque no por eso se me escapan. Sin embargo, no se mueren. Me pregunto qué se siente estar consciente después de que te abren la cabeza de esa forma.

Me preparo para rematar, pero el chofer frena de golpe. Es mi parada.

Aún aturdido por el sueño, casi me llevo por el medio a Orihime, que se sube en ese momento a la buseta. Es ella, tiene que serlo. Aunque finge no reconocerme, la delata el cabello rojo y sus ojos grises. Además, lleva una especie de uniforme negro, a la usanza Shinigami. Me tienta la idea de no bajarme y abordarla; el chófer me está viendo impaciente.

¿Será posible que hayan enviado justamente a un Shinigami de su clase a buscarme? Si es así, debo andarme con mucha cautela, pues solo hay otras dos formas en las que un Shinigami puede extinguirse. La primera, no asesinar por muchos años, haciendo que su tiempo de vida se acorte (como Ryuk que tuvo camaradas que no asesinaron por siglos y terminaron muertos); la segunda, enamorarse de un humano y salvarle así de la muerte. Cuando esto pasa, el cuerpo del Shinigami se convierte en polvo de óxido, y los años de vida que le quedan pasan automáticamente a la persona que salvó.

Finalmente me bajo, pero no todo está perdido. Al menos ya sé que esta es su parada. Puedo regresar cada día, a esta misma hora, hasta que me la encuentre de nuevo. Antes de que el bus se aleje, alcanzo a ver uno de los agujeros de bala en la ventanilla.

* * *

—*¿Te dio miedo cuando se insinuó?*
—*No sé si miedo. Siempre fue inquietante. Pero de pensar que podría dañarme físicamente o algo así, no.*
—*Tampoco tenías por qué temerle. Eran los otros chicos los que lo molestaban.*
—*Si, supongo. Aunque también hubo otros que le dieron chance de ser amigos, y luego él los alejaba.*
—*¿Los alejaba? ¿Cómo?*
—*Podía ser muy cambiante y eso los asustaba. Podía estar muy tranquilo y de pronto se ponía violento si no obtenía lo que quería. Conmigo no llegó a hacer eso nunca, pero, claro, pensé que podía ocurrir. Me alejé y creo que me odia desde entonces.*

6

The Rat King

Mientras espero en la recepción de S&R Exterminadores de plagas, me distraigo con la ilustración del logotipo tamaño gigante en la parte de abajo del escritorio de la recepcionista. Una colección de ratones asustados, formando un círculo con las colas entrelazadas y tratando de huir en distintas direcciones. La recepcionista también pone una cara de ratona asustada al entregarme la planilla de aplicación.

Odio escribir a mano. Mi cerebro va siempre mucho más rápido y me hace saltar y voltear las letras, que ya de por sí me salen muy grandes y torcidas dentro de celdas tan pequeñas.

Nombres: Aldo José (AKA Aldo Slayer)
Apellido: Rivas
DOB: 11/15/2004

El ducto del aire acondicionado sopla aire frío, justo encima de mi cabeza, haciendo que se me haga más difícil todavía concentrarme. La ratona asustada me mira de vez en cuando, como vigilando mis movimientos.

Edad: 18 (casi)
Educación: Bachillerato (N/T)

La primera gota, grande y de color escarlata, resbala por mi cara, cuello y antebrazo, antes de ir a parar sobre el papel. Me toco la frente, esperando encontrar una cavidad allí. Después de todo, acabo de soñar en el bus con perforaciones de balas. No debería estar soñando ahorita. ¿O sí? Me veo los dedos: no están rojos, sino húmedos de sudor frío. La segunda gota, mucho más oscura y espesa, cae haciendo un sonido al estrellarse sobre el papel. Me cubro con la camisa para tratar de detener la sangre que ahora me sale a borbotones de la nariz. Dejo la planilla toda manchada sobre el escritorio de la recepción y salgo corriendo de allí, antes de que la recepcionista pueda decir palabra.

7

Soy un perro callejero y corro a toda velocidad entre las calles y los autos. Liberty City se pixela en tiempo y espacio, a medida que acelero más y más, hasta llegar al punto en que juntos, la ciudad y yo, nos expandemos en volumen y energía. Me desplazo volando a ras del piso, tan rápido que no veo el auto hasta que frena a escasos milímetros de mí. Retrocedo y me escondo entre las ruedas. Jadeo mientras miro los zapatos del hombre que se baja. Lleva zapatos de civil, pero me parece que puede ser un policía encubierto. Camina hacia mí y se agacha estirando la mano hasta que agarra una de mis patas y me jala hasta la calle. Pensé que me pondría las esposas; sin embargo, saca su teléfono y me lo acerca a la oreja.

—Tengo un nuevo trabajo para ti, si lo deseas —dice la voz del empleador.

Lo interrumpe la de mi mamá que entra a la casa, hablando con otra mujer. Nunca recibimos visitas, así que a toda prisa le echo llave rápido a la puerta de mi cuarto, no vaya a ser que se les ocurra entrar, y pego el oído. Conversan algo sobre unas telas que mamá consiguió a crédito y la otra mujer se las elogia. Reconozco esa voz. Pego más la oreja; el corazón me rebota tan duro que no me deja escuchar bien. ¿Pero qué hace Rita aquí? Ahora se está disculpando con mi mamá, porque ya consiguieron otra vestuarista para la temporada del ballet. Mi mamá suena decepcionada, aunque no está sorprendida. ¿Cómo es que ya se lo esperaba? No comprendo cuando le dice que está acostumbrada a que le cierren las puertas cuando se dan cuenta de quién es. ¿Qué pudo hacer mi mamá tan terrible como para que no le den trabajo? Y Rita, ¿por qué aquella amabilidad forzada? ¿Por qué se escucha tan falsa cuando le asegura que no fue por eso? ¿Y que es «eso» tan horrible? Además, si mi mamá ya no trabaja, ¿entonces de qué y cómo hemos estado viviendo desde entonces? Tampoco entiendo por qué nunca me ha dicho una palabra al respecto.

No entiendo nada.

* * *

—*¿Discutían en la casa?*

—*Durante el juego, algunas veces lo escuchaba discutir con ella. Él la insultaba y a veces se iba algunos días de la casa, aunque nunca me contó nada.*

—*¿Y nunca dijo nada a nadie de los cortes?*

—*Cuando le preguntaba decía que eran solo por diversión.*

8

Jugaré sin pausa. Y, aunque falle en mi prueba, dejaré una luz encendida para los que vienen.
Un jugador condenado

Han pasado ya semanas y nada. Ningún otro encuentro ni señales del Shinigami. Así que he aceptado el trabajo del empleador y debo decidir qué voy a usar.

Puño: el arma menos potente e inútil para la mayoría de las misiones.

Pistola: la más fácil de encontrar. Lo malo es que dispara una bala a la vez, lo cual funciona bien contra peatones, mas no contra matones de verdad ni policías que lleven chalecos antibalas.

Ametralladora: buena para disparos rápidos y destruir autos, pero mucho menos disponible que las pistolas. Tendría que ingeniármelas no sé cómo para conseguir una.

Ahora mi mamá me está interrogando en la cocina. Ojalá y también pudiese leer mi mente, para que sepa el fastidio que me da escuchar sus preguntas. Para completar, se pone a hablarme de Rita, aun sabiendo que no me gusta tocar ese tema. Además, yo ya sé dónde terminan siempre estas conversaciones.

—¿Y no has pensado en retomar esa amistad tan bonita que tenían ustedes?

Maldita sea, como si yo no hubiese hecho sino pensar en eso. De un manotazo tumbo el plato de comida al suelo y corro a encerrarme en mi cuarto. Sumergido entre el hundido del colchón, le doy *play* en mi teléfono al video que me envió el empleador. Desde un fondo negro emerge el rostro de un niño de unos siete años, iluminado por la luz de la pantalla del *Game Boy* que juega a escondidas bajo las sábanas. Reconozco la música de ese juego. La puerta entreabierta deja oír risas y jadeos en la sala. Me deslizo entre las sombras, y primero me llevo un buen susto, al verme reflejado en el espejo que está al final del pasillo. Soy yo ese niño que ahora camina en cuatro patas hacia la sala, para espiar a mi mamá, que está de rodillas frente al novio sentado en el sofá. No comprendo mucho pero me dan unas ganas horribles de vomitar. Retrocedo y me llevo un adorno por el medio; se cae y se hace añicos. Lo último que veo es a mi mamá que se aproxima enfurecida y al novio más atrás, riéndose mientras se sube el pantalón.

La luz blanquecina me hace abrir los ojos, el pasillo hacia mi cuarto es ahora un pasadizo de la farmacia por donde camino entre anaqueles repletos de medicinas, sin poder encontrar lo que vine a buscar. Al final está el mostrador y, detrás de este, el farmaceuta, hojeando una revista de predicciones para el nuevo año del Conejo. Como me ignora, carraspeo para llamar la atención y también para estar seguro de que ya no soy un niño.

—Buenas tardes.

Efectivamente, mi voz suena casi como la que tengo ahora que ya casi cumplo los dieciocho. Podría decirse que mucho más cansada o gangosa. Debe ser por la fiebre que tengo. También me siento hecho polvo. Había olvidado que estoy KO.

El tipo ha dejado la revista a un lado y ahora me mira expectante. Intento sonar lo más casual que puedo.

—Deme algo para soñar.

Abre la boca para contestarme algo o para reírse, pero hace una pausa.

—¿Prescripción?

Maldito. Sé que cambió la respuesta. Ahora no le contesto, lo observo con furia asesina, y sigue mirándome de arriba abajo, sin inmutarse y hasta me inquiere con más fuerza.

—¿Tiene la prescripción?

Me doy media vuelta y lo dejo con su estúpida risita. Reviso entre las medicinas que no necesitan prescripción que hay en los estantes, voy sacando todas las cajas a ver qué encuentro. Nada. Me tiemblan las manos y me bajan chorros de sudor frío por las axilas. Ahora el hombre viene hacia mí, supongo que va a sacarme a patadas y que no voy a poder pelear, no obstante, me extiende un frasco en donde leo:

Sueños despiertos / Jarabe para la tos.

Recostado de un árbol en el parque, lo registro todo, ahora mucho más relajado bajo las oleadas de placer de la codeína. La niña que juega con un cachorro, la mujer que mece a un niño en el columpio, unos chicos más grandes que juegan a la pelota. Me relajo tanto que al caer sobre la grama se me cae el frasco vacío de jarabe desde el bolsillo de mi pantalón. Ahora lo veo rodar cuesta abajo por la pequeña loma, hasta detenerse a los pies de Orihime.

Ya sabía yo que volvería. Recoge la botella y sube la cuesta para sentarse a mi lado. En ese mar de silencio flotando entre ambos, tengo miedo de decir algo que arruine el momento, así que solo me arrimo y recuesto mi cabeza en su falda. Se siente tan bien mientras me toca el cabello que no puedo pensar en ningún plan o preocupación. No existe nadie ni ningún otro lado en el que quiera estar ahora.

—Es porque te acaricio con amor —me contesta Orihime, como si escuchase mis pensamientos, y además con una voz que ya conozco. ¿Rita?

* * *

Abro los ojos y ya es de noche. El parque está vacío, a excepción de un guardia que me da con el pie, para espabilarme mientras llama por radio. Yo sigo recostado, creo que en la misma posición en la que me dejé caer sobre la grama, porque tengo dolor en el cuello y parte de mi cuerpo está totalmente dormido.

* * *

—*¿Sabía que tenía armas?*

—Por supuesto que no. Odio cuando veo las noticias de personas que reciben disparos. Estoy totalmente en contra de la violencia. ¿Dónde dejan que esta gente compre armas y todo eso? Si lo hubiese sabido, por supuesto que lo habría denunciado.

—¿Y sabía que era víctima de **bullying** *o que su madre era adicta?*

—Algunos dicen eso. Que lo acosaban y le mandaban mensajes sobre su madre. No lo sé a ciencia cierta, era difícil mantener una conversación con él

—¿Cree que él estaba planeando lo que hizo?

—Esa es una pregunta que me va a perseguir el resto de la vida.

9

You've been locked in here forever
And you just can't say goodbye.

Cigarretes after sex

Estoy contento porque mi mamá me está empujando el coche hacia al jardín, hacia donde está la luz brillante del sol. El móvil de mariposa se mece desde el techo, trato de alcanzarlo cuando un hocico grande se acerca a olfatearme. Me asusto y mi mamá me alza, me arrulla hasta que me quedo tranquilo. Luego me lleva cargado hasta la jaula donde están los pajaritos. Quiero quedarme mucho más tiempo en ese momento; pero la sirena de la ambulancia suena cada vez más cerca y me saca del trance.

Me asomo por la ventana para ver cómo, en la entrada de la casa, están atendiendo a mi madre que se debe haber caído en la acera. Llego a tiempo antes de que la suban a la camilla. Ella sigue allí, en el suelo, boca arriba. Me acuesto a su lado y la distraigo haciendo que se fije en cómo se ven desde esa posición las copas de los árboles con las ramas traspasadas por los rayos de sol. Finalmente la suben y cierran las puertas de la ambulancia. En cuanto terminan de colocarle la vía, me recuesto de nuevo a su lado. Ahora tiene los ojos entreabiertos, y no sé con qué distraerla. No hay mucho que ver en el techo de la ambulancia, excepto instrumentos médicos. Mueve los dedos ligeramente bajo mi mano.

—¿Aldo?

—Sí, mamá, aquí estoy.

—¿Cómo está el mundo? —me dice esto quitándose la mascarilla y sonriendo. Aquel ánimo alegre no deja de sorprenderme, así que rápidamente me incorporo también para darle apoyo.

—Todo anda de lo más bien, mamá.

—Soñé que el pájaro cantaba de nuevo. Asómate.

Me recuesto de nuevo para ocultar mis lágrimas.

—Anda pues, Aldo, asómate y dime si está cantando.

—Sí, mamá. Está cantando, desde aquí se oye. ¿No lo escuchas?

Mientras asiente y sonríe aliviada, levanta con dificultad la mano libre de tubos y me la pasa sobre el cabello.

* * *

—*No lo sé, pero no me siento bien entrando a su casa después de todo.*

—*Querías rescatar el ave. ¿No era para eso que te dejaba sus llaves? Por si pasaba algo, lo cuidaras. Pero te entiendo si no puedes, vámonos, salgamos entonces.*

—Dame un minuto. Es que me ha venido a la memoria todo lo de aquel día.

—No sé qué decirte. Solo imaginarlo para mí también es aterrador.

—Aterrador, loco, a veces me cuesta creer que de verdad sucedió. Pero si no te sientes bien, me puedes esperar acá. Yo agarro el ave rápido y salgo enseguida.

—Vale, mejor. También a mí me da vergüenza entrar aquí así.

—¡Mierda, Ricky, ven!

—¿Qué? ¿Qué pasa?

—¿Ves allá la jaula?... Está abierta.

—Pues... Qué se yo. Lo habrá dejado salir ella antes de que se la llevaran.

—No sé. No, no lo creo, ese pajarito era su única compañía. Pero quién sabe. Pobre mujer, creo que nunca se pudo recuperar.

—Bueno, miremos un poco, a ver si anda por acá, y si no, ya salgamos de aquí.

* * *

Los miro desde mi escondite en el techo mientras Rita y su novio buscan a Arlequín. Al rato se rinden y salen de mi casa. Ya fuera de peligro, me asomo por el pasillo de mi cuarto.

Un hombre me sale al paso. Avanzo un poco y así puedo reconocerlo, en especial porque la cicatriz sigue en su lugar. Debo tener unos sesenta o cincuenta largos, lo que me indica que esta habría sido la edad normal en la que, de no haber realizado la masacre, me hubiese tocado morir.

Instintivamente me toco la cabeza, buscando la herida de bala. Aunque me han regresado de golpe todas las memorias de ese día, aún no puedo ver quién me disparó. Solo una sombra que se mueve por mi lado y el ruido, ese sonido como de estar dentro de una lata que no paraba dentro de mi cabeza, más intenso que el mismo dolor.

Estoy listo para abandonar este lugar. Destapo un poco mis manos para dejar respirar mejor a Arlequín, quien anida entre ellas apacible. Esta mañana, bien temprano, lo escuché cantar de nuevo, así que mi mamá va a brincar de alegría en lo que se entere. Primero quiero mostrárselo a los niños. Ya está sonando el timbre del recreo, ya los escucho salir de sus aulas en carrera. ¡Eso, eso! ¡Canta, Arlequín!

Ya vienen por mí.

¡A ver qué cara ponen cuando te vean!

FRATERNUS

Tengo un idiota dentro de mí, que llora,
que llora y que no sabe, y mira
sólo la luz, la luz que no sabe.
Leopoldo María Panero

Conocí a Fraternus en el 2010, cuando el país ya estaba jodido, aunque no del todo. Yo acababa de pisar los treinta, seguía soltera y aún no había pensado en emigrar. Vivía en Chacao, en un apartamentito pequeño pero acogedor, a dos cuadras de la estación del metro. Dividía mi tiempo actuando en papeles pequeños en teatro y ser asistente de producción en una película independiente, y recientemente también había comenzado a asistir a una consulta en el servicio de psiquiatría de la Universidad Central. Los ataques de pánico, que venía sufriendo esporádicamente desde los 25 se habían hecho cada vez más frecuentes. Así que una vez por semana tenía que madrugar, tomar la transferencia del metro y llegar allí antes de las ocho de la mañana, hora en que empezaban las citas. Como en todo hospital público, el área del servicio de psiquiatría del Clínico Universitario está poblado de todo tipo de personajes inquietantes que van y vienen. Sin embargo, como él, ninguno tan particular.

Más bien bajito, de unos cuarenta y largos, los ojos de color miel detrás de unos gruesos anteojos que le daban una mirada de inteligente. Del cabello fino y rubio quedaban apenas pocas pelusas sesgadas aquí y allá, entre las profundas entradas de calvicie. A simple vista pasaba como alguien «normal», pero al observarlo bien, se notaban algunos detalles peculiares, como, por ejemplo, la ropa, que parecía ser de unas tallas más pequeñas, lo que le daba una apariencia teatral y aniñada. Andaba casi siempre sonriente, parecía encantado de estar allí y se movía de un lado a otro, saludando a cuanto médico o enfermera pasara lazándoles unas pomposas frases en latín que repetía indistintamente:

—¡*Fraternus, perversus!* ¡*Fraternus nuntio!*

Salpicaba aquellos saludos con una pícara entonación, y, para mi sorpresa, todos los galenos y afines, sin excepción, en vez de incomodarse, respondían aquellas «latinadas» insolentes con familiaridad. Para entonces no sabía su nombre, así que en mi mente lo bauticé Fraternus, que, a decir verdad, le encajaba mucho más que el suyo propio, que resultó ser, supe luego, Manuel Morales Cuello.

Uno de esos días, al salir de la consulta, iba yo pensando en la recomendación de la doctora Esther. Me había aconsejado que sí no iba a dejar el alcohol y otras yerbas, entonces que dejara de tomar los antidepresivos. Según ella, podía ser el choque entre las drogas que eran estimulantes y depresores nerviosos, que, al ser ingeridas junto a con medicamentos, me podían estar produciendo los ataques de pánico. Me pareció un argumento convincente. Incluso me sentí aliviada de no tener que tomarme más aquel poco de pepas, que lo que habían hecho era engordarme y mantenerme en un estado «tristealegre», un ni fu ni fa, embotada y apática, pero lo que se dice feliz, no.

En esas cavilaciones estaba cuando de pronto casi choco con Fraternus. Fija sus ojos, candiles amarillos, sobre una mujer que vestía de blanco uniforme e ingresaba datos de los pacientes en una computadora. Mientras él la estudiaba, la mujer no se intimidó en ningún momento. Confieso que temí que se fuese a dirigir a mí.

Con un aire de prestancia y aquellos fogones en los ojos, Fraternus le soltó en tono malicioso:

—¿Sabes que el blanco te queda muy bien? —Y agregó, con ironía—¡Ajá, cómo no!

No esperó a que la confundida mujer le diese las gracias siguiéndole la corriente, para empezar a dispararle un extenso interrogatorio sobre dónde, cómo y cuándo ella había estudiado medicina, a lo que la mujer le contestó que ella no era médico sino paramédico. Esto, en vez de calmar a Fraternus, lo escandalizó más y le dio rienda suelta a una fogosa cháchara acerca de la necesidad de que los paramédicos debían estudiar lo básico de medicina o que de lo contrario de ninguna manera debían ejercer. Con todo y el susto, me resultaba sugestivo aquel hombre con ropa de infante que disertaba sobre el asunto con tanta propiedad. Tanto, que me llegó a parecer bastante lógica su argumentación. En ese instante tuve la certeza de que Fraternus no era para nada un loco más. La mujer lo ignoró olímpicamente y Fraternus acalló su perorata para correr detrás de un par de doctoras jovencísimas a las que les dedicó otros apasionados arranques en latín.

A mi pregunta, la mujer paramédica me dio a saber que Manuel Morales había sido otros tiempos un afamado doctor de aquella facultad. Eso explicaba el hecho de que todo el personal le devolviese el saludo de forma tan coloquial, pero en breve también la revelación me dio paso a una angustia inminente. Como paciente, jamás contemplé ni la más remota posibilidad de que un respetable especialista al que vas a ver cada semana y al que dejas entrar en tu mente e incluso dirigir gran parte de tu vida, también se le pueda «ir la olla» o, para expresarlo en peores términos, convertirse en un insano mental, demente, orate, chiflado, tocado, lunático, maniático, oligofrénico o cualquiera de estas acepciones dadas a las enfermedades mentales que encontré al *guglear*, a cual más aterradora y pantanosa como su incorpórea intangibilidad. Por el contrario, a los médicos los elevamos a un pedestal de semidioses, cuya santa palabra acatamos sin chistar, desde abajo, nosotros, los ignorantes de las conexiones neuronales. Sin duda que, con semejante obediencia ciega de la que son objeto, la demencia sutil e inadvertida de un médico es mucho más riesgosa que la chifladura de cualquier mortal.

Se atropellaban las preguntas en mi mente. ¿En qué momento Fraternus se volvió tarumba? ¿Se le habían «cruzados los cables» mientras ejercía? ¿Ya estando loco, y aún no descubierto, pudo haber medicado mal a un infortunado paciente? ¿O sugeriría tratamientos insólitos, peligrosos, poco ortodoxos, producto de su estado mental? Otro pensamiento intruso me asaltó y me puso aún peor: ¿Y si mi propia terapeuta tenía también un trastorno mental sin diagnosticar? Recordé que en la última consulta me extrañó que fuese ella la que hablara durante casi la hora completa y no precisamente de mi ansiedad o de los ataques de pánico, sino de la situación política del país, un tema que la enervaba hasta el punto de enrojecerle el rostro, trabársele la dicción y perder por completo el hilo de la terapia. Siento pálpitos, sudoración, taquicardia. Se desató tal paranoia en mí que de golpe recordé los motivos por los que asistía de nuevo a la consulta. Cuando me bajé en la estación del metro Chacao, casi no podía reconocer en donde me encontraba. Saqué el papelito que había guardado en mi monedero y en donde yo misma había anotado: *Calle Sucre, Edificio Esperanza, frente a Supermercado Magdalena, piso 2, apartamento 11*. Lo había anotado para cuando me invadiese la sensación de irrealidad como en aquel momento. Traté de olvidarme de Fraternus y todo aquel asunto.

Al llegar a casa, llamé a Juanma, amigovio, director de cine y compañero de rumbas. Me dijo que no tenía nada encima, que estaba pendiente de algo y que si lo quería acompañar a controlar. Me fue a buscar esa noche en el taxi de un actor amigo de él. Yo estaba ya más calmada, solo con la resaca del ataque. Agarramos por la autopista hacia el suroeste de la ciudad. No recordaba haber estado nunca antes por esa zona. Atravesamos por la plaza Madariaga y me vino una vaga memoria de cuando me llevaron de niña al zoológico de El Pinar. Pasamos carteles que decían La Yaguara. Carapita. Nombres de sitios que había escuchado alguna vez, y por los que jamás me había metido. Finalmente nos salimos en la parroquia de Antímano y seguimos hacia arriba por las lomas. Cuando vi el rancherío de lado y lado me empecé a asustar. No quería que Juanma lo supiera, pero igual lo notó.

—Tranquila, bebé, que vamos a donde un contacto, todo bien.

Probé la piedra esa noche a través del humo de los labios de Juanma. Luego quería fumarme una completa y para mí sola. Sentía alivio. Como si hubiesen puesto mi cerebro en pausa. En medio de la bruma mental, solo se repetía una y otra vez la misma imagen, la de Fraternus. También escuchaba como a lo lejos, sin prestar atención, a Juanma, que estaba pegado hablando del nombre del barrio.

—Antí mano, Antí mano. Tiene que ser una vaina indígena.

El amigo no hablaba; solo respondía de tanto en tanto con unos gestos de los ojos, especie de tic nervioso, efecto del *crack*. Yo quería contarles sobre el loco de Fraternus, pero también me había quedado como tartamuda. Ya no me daba miedo el barrio. Estuvimos allí sentados toda la noche, como en un mirador, viendo las lucecitas del valle de Caracas hasta que amaneció.

Pasó una semana. Llegó el día de consulta, y yo estaba con muchas ganas de ver a mi doctora. Quería decirle que lo había pensado bien y que mejor dejaría de lado las drogas y retomaría la medicación. De tan ansiosa que estaba, llegué una hora antes y me senté a esperar. A Fraternus no lo veía por ninguna parte. ¿Existía? Por supuesto que sí. No solo lo había visto yo sino la mujer de blanco y todos allí.

Una hora más tarde, salí mucho más relajada y hasta contenta después de la consulta. Eso, a pesar de todas mis reservas con respecto a la salud mental de mi doctora. Le sonreí a Fraternus, que ahora pajareaba por los pasillos del hospital. Animado por mi gesto, se me acercó y me insistió:

—Dime tú, chica, ¿verdad que ella no puede ser paramédico?

Le eché un vistazo disimulado a la mujer y me encogí de hombros. Allí estaba la pregunta en mi cabeza, que se me hacía incontenible. Sin más, aunque ya sabía la respuesta, le solté:

—¿Y tú...?, eras médico, ¿no?

Al oír esto, Fraternus pareció perder todo rasgo de locura en un microsegundo. Me miró interrogante; su expresión pasó de la incomprensión a la compasión. Optó por hablarme en un tono condescendiente:

—Pero bueno chica... ¿es que acaso te parezco médico?

Yo observé a la mujer de blanco, que justo se ponía de pie para entrar al consultorio (¿mitómana?, ¿esquizofrénica...?).

No sé, pero Fraternus ahora pensaba que era yo la loca, la demente, chiflada, orate, desequilibrada, maniática y oligofrénica. Traté de salir al paso:

—O médico... o un actor.

Fraternus sonrió al oír esto, aliviado quizás.

—Soy histriónico, ¿verdad? Y no sólo eso, también escribo. Es una lástima que mis poemas estén en manos de mi psiquiatra y mi abogado y que aún no sé cuándo me los van a devolver.

—¿Y has publicado algo?

—¿Aquí en este país? –respondió sin pausa y con tono conocedor—. ¡No! No pienso publicar aquí ni loco, ¿para qué? ¿Para qué me roben mis derechos de autor?

Tan razonada respuesta me hizo dudar de cualquier falta de cordura (porque nada conozco de derechos de autor, o porque acaso conozco a muchos escritores que tienen tanto de locos para seguir fieles al oficio). De pronto, Fraternus transgredió mi espacio vital, y yo retrocedí. Aun así, se volvió amenazante al enseñarme, cual fiera, unos dientes amarillos de nicotina.

—¡Yo soy el pretexto literario para hacer lo que me dé la gana! ¡Yo soy la carne viva de *El idiota* de Dostoyevski!

La enajenación fue tal que entre varios enfermeros y guardias se lo llevaron, mientras me gritaba improperios, traspasándome con los ojos encendidos de furia. Y no sé por qué en ese momento pensé que yo también era un personaje de alguna ficción, de una desquiciada historia escrita por Fraternus.

Han pasado los años, hoy, con el Atlántico de por medio, y entre los anaqueles de la Casa del Libro de Madrid, me he acordado de Fraternus. Al llegar a mi piso, como llaman aquí a los apartamentos, busco entre mis cuadernos viejos las notas de mis sesiones de terapia de aquel tiempo. Consigo el teléfono de Manuel Morales Cuello, escrito en el tarjetón rosado donde los doctores de la mente anotaban las fechas de mis citas. ¡Tengo tanto tiempo sin acudir a una consulta! Y le he hecho caso. No a Manuel, sino a Fraternus. Escribo. Lo escribo todo. Y escribir me ahorra ir al psiquiatra.

Los relatos de este tren intentan explorar a esos seres humanos que pasan a nuestro lado día tras día, pero cuyas experiencias rara vez llegamos a imaginar. A veces porque no los vemos; otras, preferimos mirar hacia otro lado, sea por indiferencia o por miedo. Ellos, los invisibles, son los habitantes periféricos de nuestro mundo y acompañan nuestro viaje. Cada cuento de este libro busca visibilizar y honrar sus vidas.

Si quieres ayudarlos o conoces a alguien que necesita ayuda, aquí te dejamos algunos enlaces y números que pueden ser útiles.

 Fondo de Apoyo a los Pueblos Indígenas
https://www.ifad.org/es/ipaf

 Manos Unidas por Nigeria:
https://tpv.manosunidas.org/
Landing/12/Donar-ahora?origin=480

 Apoyo a los nigerianos desplazados por los grupos violentos: https://eacnur.org/es/estamos-agotados-y-aterrados-de-tanta-violencia

 Alcohólicos Anónimos
https://www.aa.org/es

 Línea 988 de Prevención del Suicidio y Crisis.: https://988lifeline.org/es/home/

ÍNDICE

El espejo del agua	11
Dayo, luku mi	17
Life is life	31
Julita y las manzanas	47
Rizzia y el tiempo	67
La expulsión	77
Los invisibles	83
Carmencita en el país de las maravillas	87
El ritual	97
Semana Santa en la isla	109
Lamparita	135
Ave de alambre	137
Fraternus	177

www.ingramcontent.com/pod-product-compliance
Lightning Source LLC
Chambersburg PA
CBHW060523080526
44586CB00012B/595